novum pro

Michael Leutner

Vom Fohlen zur Remonte

Ein Hand- und Lesebuch

novum pro

Bibliografische Information
der Deutschen Nationalbibliothek:

Die Deutsche Nationalbibliothek
verzeichnet diese Publikation in
der Deutschen Nationalbibliografie.
Detaillierte bibliografische Daten
sind im Internet über
http://www.d-nb.de abrufbar.

ISBN 978-3-99107-198-3
Lektorat: Dr. Annette Debold
Umschlagfotos: Michael Leutner,
Galina Yakimova | Dreamstime.com
Umschlaggestaltung, Layout & Satz:
novum Verlag
Innenabbildungen: Michael Leutner

Die vom Autor zur Verfügung gestellten Abbildungen wurden in der bestmöglichen Qualität gedruckt.

Gedruckt in der Europäischen Union
auf umweltfreundlichem, chlor- und
säurefrei gebleichtem Papier.

www.novumverlag.com

INHALT

DANKE

Mit Pferden zu arbeiten ist ein Geschenk des Himmels.

Danke an die vielen, die ich begleiten durfte, danke aber vor allem an jene, die mich unterstützen, insbesondere in diesen Zeiten und denen der Krebserkrankung!

Katharina, Andreas, Christian und Andrea! Ich danke für die fortwährende Unterstützung!

PIOH Frechen, danke für die Geduld und Aufopferung für alle Patienten, vor allem in dieser Zeit von Corona!

Der Steigbügel GbR für die Unterstützung über die Jahre und das entgegengebrachte Vertrauen.

Von den Schülern seien nur exemplarisch Beate T., Andrea G. und die St. Augustiner, Gerda, Gabi und Gesche.

Der Illustratorin dieses Bandes!

Danke insbesondere an all die großen und kleinen Seelen, die ich begleiten durfte: die Pferde, Willow vor allen anderen.

Danke.

EINLEITUNG

Orientiert an der Ausbildung eines Jungpferdes bauen wir den jeweiligen Unterricht auf. Die hier enthaltenen Hinweise sind die Darstellung dessen, was in den Unterrichtstunden immer wieder auftreten kann. Wobei die Visualisierung der jeweiligen Problematik hervorgehoben werden soll. Erfahrungsgemäß muss jeweils mit Einheiten der Grundausbildung auf die Tagesprobleme reagiert werden.

Wiederholungen sind beabsichtigt. Und gehören sowohl in diesem Heft als auch in der Praxis zum täglichen Ablauf.

Es ist im Sinne eines Arbeitsbuches gedacht, auch mit der ausdrücklichen Bitte um Rückmeldungen. Im Mittelpunkt stehen die Bilder und Zeichnungen. Bitte diese ausschließlich via Mail an die Mailadresse Michael.leutner@web.de.

Am Beispiel von Apuesto, genannt Zottel, will ich die Arbeit mit und am Pferd vorstellen, beziehungsweise beschreiben. Natürlich finden sich auch allgemeine Informationen und Aussagen zum Pferd und dem Umgang mit diesem.

Enttäuschung und Freude mit dem Jungpferd
Pädagogik des jungen Pferdes

Aus der Erfahrung von mehr als 30 Jahren Arbeit mit dem Pferd und dem Reiter hat sich diese Schrift ergeben, die sich in die jeweiligen Sonderbereiche erweitern soll.

Wie soll der Beginn eines solchen Sach- und Lesebuchs sein? In einem so komplexen und weitreichenden Bereich wie der Welt der Pferde.

Pferde begleiten den Menschen schon fast seit Urzeiten und haben sich in das Leben und in die Wahrnehmung der Geschichte des Menschen nahtlos eingefügt. Trotzdem suchen wir immer wieder nach einem Weg, mit diesem kraftvoll stolzen Wesen in Kontakt zu treten und mit ihm unseren Alltag, aber auch unsere Krisen zu bewältigen. Das Pferd ist deshalb auch ein Pädagoge, Helfer, Arbeiter und Tröster. Begegnen wir diesem schönen, freien und imposanten Wesen mit dem nötigen Respekt und gehen wir auf die Bedürfnisse desselben ein, so gewinnen wir einen Lebensbegleiter! Trotzdem ist es in manchen Zusammenhängen so, dass die ungeheure Kraft und die unbändige Lebendigkeit eines Pferdes uns nicht nur Respekt, sondern auch Angst einflößen. Mit diesem Widerspruch muss der Reiter/Betreuer des Pferdes umzugehen lernen. Dies gilt für das junge Pferd als auch für das erfahrene „alte“ Pferd.

Für die Arbeit oder den Umgang mit dem Pferd hat sich aus meiner Erfahrung ergeben, dass es an den Grundlagen der Ausbildung liegt, ob ein Pferd teamfähig oder auf immer ein kaum zu bändigendes Sondersportgerät wird, das eine stets latente Gefahr darstellt. Daher beginnt diese kleine Serie mit der Ausbildung des jungen Pferdes. Hier legen wir den Grundstein für eine Beziehung, die vielleicht sogar 30 Jahre andauern soll, also länger als die meisten Ehen oder Beziehungen der Menschen.

Und hier liegt die Gefahr verborgen, die vielen Ausbildern nicht immer bewusst ist: Das Pferd bleibt ein Fluchttier, das mit dem Raubtier zusammenarbeiten soll, und kann nicht „vermenschlicht" werden. Wir müssen hier einen respektvollen Umgang miteinander lernen und üben. Dabei geht es nicht darum, das Pferd zu brechen, sondern es mit Wissen und Gefühl zur Zusammenarbeit mit dem Menschen zu erziehen und auszubilden.

Ein gebrochener Wille wird immer zum kritischen Zeitpunkt zu Missverständnissen oder gar zu Unfällen führen! Das gegenseitige Vertrauen fehlt.

Natürlich beschreibe ich in diesem Zusammenhang einen idealen Fall und weiß, dass es im täglichen Leben sicherlich nicht immer diese optimalen Voraussetzungen gibt. Hier muss dann ein Kompromiss gesucht werden; diesen Weg zu beschreiten ist dann die Aufgabe des Begleiters, Mediators oder Ausbilders, der das Projekt einer Grundausbildung des Pferdes immer begleiten sollte.

Um die vielen Anforderungen erfüllen zu können, muss das Pferd ausgesucht, gefunden und dann auf seine Aufgabe vorbereitet werden. Von dieser Aufgabe will ich hier auszugsweise berichten und Gedankenanstöße geben.

Wie bei den Menschen finden wir bei den Pferden begabte und unbegabte, der eine sieht eine Aufgabe, setzt sich kurz damit auseinander und ist von da an ein Spezialist auf seinem Gebiet, und dann gibt es den, der mühsam für jeden Bereich ausgebildet werden muss. Daher ist bei der Arbeit mit dem Pferd der Faktor Zeit ein wesentlicher, dieser sollte großzügig bemessen sein und ist eine riesige Herausforderung im Rahmen unserer heutigen stark durchgetakteten Zeit und Lebensabläufe.

Für den Menschen, der den Weg zum Pferd gesucht und gefunden hat, ist der Umgang mit dem Tier von essenzieller Bedeutung, denn das Pferd wird zum Kameraden und Freund, mit dem er alle Geheimnisse und Sorgen teilt. Es der Spiegel der Seele, aber die Seele des Menschen kann das Pferd nicht ersetzen.

Es gilt, eine gemeinsame Sprache zu entwickeln, die sich naturgemäß am gemeinsamen kleinsten Nenner orientieren muss, der Sprache der Pferde. Die Sprache der Pferde ist orientiert an der Körperhaltung, dem Impetus der Körperspannung und dem Gemüt, das von dem jeweiligen Tier ausgeht.

Diese Sprache muss der Mensch zunächst lernen wahrzunehmen, dann zu verstehen und schlussendlich dann auch anzuwenden. Das fällt dem Menschen sehr schwer, der gewohnt ist sich über Worte, Sprache und nur geringe Gestik auszudrücken, der dann auch noch gewohnt ist einen Teil seiner Stimmung, Meinung und Gefühle der Kommunikation zu enthalten. Ganz anders das Pferd, das seine Meinungen, seine Gefühle und seine Ängste immer offen vor sich herträgt und nur in ganz geringem Masse Selbstbeherrschung ausüben kann.

Genauso wie der Mensch ist das jeweilige Pferd das Ergebnis seiner Geschichte, und diese beginnt mit seiner Domestizierung; diese Anlagen sind die Grundlage unserer Arbeit, und dann haben wir die Geschichte jedes einzelnen Lebewesens Pferd, das dann eine sehr stark individualisierte Betrachtungsweise erfordert.

Die Idee für dieses Buch hat sich aus einem Taschenbuch für den Berittführer aus dem 15. Jahrhundert ergeben, das mich in seiner Skurrilität und als Beginn der schriftlichen Sammlung des Wissens rund um das Pferd in unserer modernen Form inspiriert hat. Der Stich zu Beginn des Buches zeigt deutlich wie schwer es ist, Pferdewissen in Worte oder Bilder zu fassen:

Daher ist es schwierig, immer einen gemeingültigen Weg für alle Pferde oder Jungpferde aufzuzeigen. Der im Folgenden gezeigte Weg ist der, den meine Pferde, meine Schüler und ich als richtig und gangbar empfinden, daher wünsche ich viel Freude bei der Lektüre.

1 GRUNDLAGEN FÜR DIE ARBEIT MIT DEM PFERD

Grundgesetz für den Umgang mit dem Pferd

§ 1 Das Wesen eines Pferdes ist unantastbar.
§ 2 Das Pferd ist ein Fluchttier und akzeptiert das Raubtier als Führer.
§ 3 Das Pferd akzeptiert das Raubtier Mensch, dafür muss dieser für es sorgen.
§ 4 Das Pferd hat ein Recht auf Bewegung.
§ 5 Das Pferd ist ein soziales Wesen und hat das Recht auf Interaktion mit Artgenossen.
§ 6 Das Pferd hat das Recht auf Respekt.

An diesen Grundsätzen muss sich die Ausbildung eines Pferdes orientieren.

Zitat einer Schülerin:

„Wenn ein Leben zu früh zu Ende geht, wurde eine Geschichte nicht zu Ende erzählt."

Der Traum fast jeden Reiters ist es, ein Pferd von Grund auf zu bereiten oder für die Arbeit mit dem Menschen vorzubereiten. Hier ist es wichtig, die Grundlagen abzufragen, die für dieses Projekt vorliegen.

Wissen, Erfahrung und Routine sind die Voraussetzungen für die Ausbildung des eigenen Pferdes.

Die erste Frage: Wann bekomme ich das Pferd? Am leichtesten kann es sein, das Pferd schon nach der Geburt zu übernehmen. Vorsicht, hier kann eine zu starke Bindung entstehen, die immer wieder an die Fohlenaugen und die ‚Hilflosigkeit der ersten Tage erinnert und daran festhält. Nur irgendwann wiegt das Baby halt 450 kg aufwärts. Spätestens dann ist Knuddeln und Liebhaben nicht mehr die einzige Form der Kommunikation zwischen

Mensch und Tier. Das Setzen der Grenzen kann schwierig werden, wenn im Hinterkopf das süße Fohlen erscheint. Das sich aber mittlerweile zu einem pubertären Rabauken entwickelt hat, der eine klare Führung benötigt und klare Grenzen. Essenziell ist hierbei, nicht ungerecht oder mit mangelnder Großzügigkeit auf das Pferd zuzugehen. Ein aus Angst gehorchendes Pferd ist mindestens so schlimm wie die vielen gebrochenen Seelen, die wir in den Reitbahnen beobachten können.

Erarbeitet werden soll eine Kommunikationsform mit dem Pferd, die auf systematischen Grundlagen beruht. Haltung und Form sollen dann so intensiviert werden, dass nicht mehr darüber nachgedacht werden muss. Ziel ist, dass eine intuitive Arbeit mit dem Pferd möglich wird. Damit sind dann mit hoher Wahrscheinlichkeit die ständigen Ängste des Reitens, die bei allen Reitern im Untergrund mitschwingen, kanalisiert. Ein Pferd kann nur dann selbstbewusst und angstfrei sein, wenn dies von seinem Reiter oder Führer auch vermittelt wird …

Pferde sind nie böse, das widerspricht dem Wesen des Pferdes, das als Fluchttier hoch sozialisiert ist und bestrebt sich seiner Umgebung und Artgenossen anzupassen. Deshalb übernehmen Pferde schnell die Züge ihrer Bezugspersonen. Bei der Arbeit mit dem Pferd treten wir immer unserem Spiegel entgegen. Das ausgebildete Pferd ist stets auch eine Geschichte seines Reiters. in der Ausbildung spiegelt das Pferd aber ebenso die Probleme und Hindernisse, die der Ausbilder hat, dies kann auch in der der Tagesform des Pferdes begründet sein … Dies passiert schon in kurzen Arbeitsreprisen, deshalb kann es aber auch geschehen, dass der eine keine Probleme mit dem eigenen Pferd, aber riesige mit fremden Pferden hat. Hier hat der Trainer, oder die 2. Person, eine unglaubliche Verantwortung. Er muss zwischen den beiden Persönlichkeiten vermitteln und einen Weg der Kommunikation finden. Das ist schon bei einem ausgebildeten Pferd schwierig, bei einem jungen Pferd aber umso bedeutsamer, da die Grundlagen für die Zukunft geschaffen werden.

Wichtig ist dabei auch zu beachten, dass es viele unterschiedliche Wege gibt, die zu dem Ziel führen können. Die Kunst ist es, den Weg und die Begleiter zu suchen und zu finden, die für das spezielle Paar die richtige Kombination darstellen.

Da die Pferde im Verlauf ihrer Domestizierung unterschiedlichen Bedürfnissen angepasst wurden, so muss bei der Ausbildung derselben auch diese Vorgabe berücksichtigt werden. So sind Pferde, die ursprünglich für das Viehtreiben gezüchtet wurden, anders zu behandeln als beispielsweise Pferde, die für das Rennen auf der Bahn gezüchtet wurden. Schwierig gestaltet sich dabei der Umgang mit den immer häufiger auftretenden Mischungen, die sehr oft nur auf eine mögliche optische Veränderung in gezüchtet wurden. So schlagen gegebenenfalls bei einem Araber-Pinto zwei Herzen in der Brust des Pferdes.

Dies macht sich dann auch während der Ausbildung bemerkbar. Der Araber ist ein Kid des Windes und will immer seine Freiheit und das schnelle Laufen mit seinem Herrn, der Pinto ist schmerzgewohnt und manchmal „stur“, weil dies seinem ursprünglichen Verwendungszweck entspricht. So scheint es zu sein, dass Zottel ein Geländepferd und mutiger Begleiter in der Streckenarbeit werden könnte. Trotzdem wird er in der klassischen Dressur seine Grundausbildung erhalten, die immer noch die vielseitigste Verwendung für sein weiteres Leben sein wird.

Viel deutlicher ist das Problem bei all den wunderschönen Pferden, die für das Ziehen gezüchtet wurden und nun als Reitpferde dienen sollen. Aus diesem Umstand kann es sich ergeben, dass bei der Ausbildung des Pferdes bestimmte Kompromisse gemacht werden müssen. Hier ist auch zu bedenken, dass sich ein Fohlen, das ursprünglich als Dressurnachwuchs angeschafft wurde, dann doch am Ende als Zugpferd glücklicher wird. So hatten wir bei unserem Muli die Erfahrung machen müssen, dass es bei der Standard-Bodenarbeit eine Pest war, sobald es aber in den Zug kam und eine Arbeit gefunden hatte, die ihm entsprach, schlicht das beste denkbare Pferd wurde, das man sich vorstellen kann.

Ein entsprechendes Problem ergibt sich auch aus der Vielzahl der „geretteten“ Schlachtpferde. Über diese sind selten Erfahrungen im Verlauf des Aufwuchses und des Alters bekannt. Denn in der Regel werden diese Tiere nur unter dem Aspekt der Fleischproduktion gezogen, ohne Rücksicht auf die eventuelle Entwicklung der Gesundheit oder des Charakters, geschweige denn für den Einsatz in bestimmten Bereichen der Reiterei. Hier bestätigen Ausnahmen die Regel!

In ganz wenigen und seltenen Fällen ist es schwer oder gar unmöglich, die „Begabung“ des Pferdes zu identifizieren, dann ist eventuell eine Pause auf der Wiese oder der Einsatz als Begleitpferd auf der Wiese als Lebensaufgabe notwendig. Auch dies ist ein Risiko bei der Aufzucht eines Pferdes in „Einzelhaltung“.

Wichtige Ausrüstung für die Arbeit mit dem Pferd am Boden

Gerte
Handschuhe
Feste Schuhe
Kappzaum
Longe
Reithelm

Die Gerte
Klassischerweise wurden in der Vergangenheit frisch geschnittene Weidenstöcke genutzt. Diese haben den Vorteil, auf die jeweilige Person in Länge und Gewicht anpassbar zu sein. Denn die Gerte als Hilfsmittel sollte gut in der Hand liegen. leicht sein und wenig nachschwingen, um ungewollte Hilfen auszuschließen. Gleichzeitig soll die Gerte nicht als strafendes Element genutzt werden, sondern als Hilfengebung an der Hinterhand. Also lang genug sein, um das Pferd an der Hinterhand führen zu können, ohne den Oberkörper in der Führung des Pferdes zu verdrehen.

Links eine steife Fiberglas-Gerte, mittig eine flexible Standard-Gerte, rechts eine „Natürliche Gerte"

In der modernen Pferdeausrüstung finden wir leider eine Vielzahl „schöner und bunter" Gerten, wenige aber, die dazu geeignet sind, sowohl im Beritt als auch am Boden genutzt zu werden. Hier gilt es, eine jeweils angepasste zu finden.

Für Gerte und Peitsche gilt wie bei allen Hilfsmitteln: Der Umgang damit muss geübt werden. Denn eine ungeschickt geführte Gerte kann so katastrophale Folgen haben wie der unruhige Schenkel. Ungewollte Hilfen mit der Gerte können zum einen das Pferd bis zum Durchgehen verunsichern und im Dauereinsatz zum Abstumpfen desselben führen.

Für jedes Mensch-Pferd-Paar muss die Kombination der Hilfsmittel erneut zusammengestellt werden und kann je nach Aufgabe oder Ziel der Tagesarbeit unterschiedlich sein.

Handschuhe

Ich bevorzuge lederne Handschuhe, denn sie vermitteln das Gefühl der Unmittelbarkeit und lassen die Gerte gut in der Hand liegen. Dabei geben sie die Sicherheit, die Haut zu schützen, sollten einmal die Zügel oder der Strick durch die Hand gezogen werden.

Handschuhe sollten in der Arbeit mit dem jungen Pferd immer genutzt werden. Dies gilt dann auch für den Beritt.

Feste Schuhe

Sie sind unabdingbar für die Arbeit am Boden, denn es wird eine Zeit dauern, bis das Pferd immer sicher neben dem Führenden geht. Zudem besteht bei dem Pferd die Tendenz, genau in die Spur des Führenden zu treten. Dies ist zum einen in der natürlichen Nachahmung begründet, zum anderen gilt unter Hengsten/Wallachen das Treten auf die Hufe als Dominanzverhalten, das zumindest einmal versucht werden muss. Stahlkappenschuhe sind empfehlenswert.

Kappzaum

Er sollte auf jedes einzelne Paar passend gesucht werden. Hier gilt, dass der lederne der beste, weil am präzisesten anpassbar ist. Bei den Kappzäumen mit starren Stangen besteht immer die Gefahr, dass die Pferde im Gesicht gestört werden. Bitte beachten, dass die Zäume und die gesamte Ausrüstung am Pferd regelmäßig angepasst werden müssen, denn das Pferd verändert sich ständig, vor allem das Jungpferd, da kann von einem Tag zum nächsten eine Anpassung nötig sein, aber auch bei einem ausgewachsenen Pferde ist die regelmäßige Überprüfung der Passform aller Ausrüstungsgegenstände notwendig!

Longe

Hier ist es nicht unbedingt notwendig, immer mit den Standardausrüstungen zu arbeiten. Auch sollte die Länge an das jeweilige Paar angepasst werden und wie fast alle Gegenstände der Ausbildungsausrüstung für jedes Pferd einzeln vorhanden sein, das vermeidet vor allen Dingen den Wust an Leinen in der Arbeit.

Reithelm

Die Arbeit mit dem Jungpferd ist immer eine von Risiken begleitete Arbeit. Das Tragen eines Reithelms in der Bodenarbeit ist empfehlenswert. Das Tragen eines Reithelms bei der Bodenarbeit mit Kindern ist verpflichtend, Hufe und Kinderköpfe sind sich immer viel zu nahe.

Aufgrund einer schweren Kopfverletzung kann ich nicht immer einen Reithelm tragen.

NOTIZEN

2 DIE WAHL DES BEGLEITERS

Wie komme ich zum Jungpferd?

Manchmal ist es einfach ein Zufall, dass ein Pferd in den ‚Bereich der Einflüsse' eines Menschen kommt. Die Begegnung mit einem Pferd auf der Weide, die Reitbeteiligung, das Erlebnis der Geburt eines Pferdes und das spätere Übernehmen der Verantwortung. Oder es wird gezielt nach einem Pferd gesucht, das als Absetzer gekauft wird, um dieses dann ausbilden zu können, also ein gezielter Kauf in die Zukunft.

In jedem Fall ist diese Situation wie ein Lotteriespiel, denn die Entwicklung eines Pferdes/Fohlens über die nächsten mindestens 3 Jahre ist unvorhersehbar. Beginnend mit dem ständigen Verletzungsrisiko sind dann Verwachsungen und gegebenenfalls anatomische Anomalitäten nicht vorherzusehen oder -zusagen! Schwierig ist dann für den, der dies nicht mit einer gewissen Professionalität betreibt, anzunehmen, dass vielleicht das Pferd nicht den Ansprüchen genügt, die man für sich am Beginn der Aufgabe erhoben hat. Nur wenige sind dann in der Lage, die Notbremse zu ziehen und die Zielrichtung der Ausbildung zu ändern. So kann aus dem Dressurpferd ein Springtalent werden, aus dem Vielseitigkeitspferd ein reines Ausreitpferd usw.

Wichtig ist, dass der Ausbilder und Reiter sich immer dieser Situation: Wettschein auf die Zukunft bewusst ist und auch in Erwägung ziehen kann, das Pferd selbst nach einer gewissen Zeit abzugeben, um so dem Pferdewohl zu dienen. Die Grundausbildung ist aber in jedem Fall durchzuführen, um einem Nachfolger in der Ausbildung den Weg zu ebnen.

Die zweite Möglichkeit besteht darin, einen Absetzer zu erwerben, dann entfallen die oben genannten Besorgnisse. Hier ist darauf zu achten, dass die Aufzucht artgerecht erfolgt ist und zumindest das Fohlen-Einmaleins halbwegs beherrscht wird. (Mir sind schon 5-Jährige begegnet, die dies nicht beherrschten.) Bei einem Absetzer stellt sich dann schnell die Frage, wie bringe ich diesen unter, und wie stelle ich sicher, dass sich das Pferd in meinem Ausbildungsrahmen wohlfühlt? Insbesondere der Kontakt zu einer Herde sollte sichergestellt sein, denn eine Herde ist immer der beste Erzieher für ein Jungpferd, solange es von der menschlichen Ausbildung begleitet wird. Diese menschliche (denn Menschen sind ja auch Herdentiere) Ausbildung sollte jedoch immer aus einer Hand kommen, hier gilt der alte Spruch: Viele Köche verderben den Brei.

Daher ist es im Allgemeinen wünschenswert, ein Pferd mit Pedigree oder bekannter Abstammung zu erwerben, damit steht die elterliche Leistungsgeschichte zur Verfügung und lässt den Weg besser vorhersehen, den das Pferd einmal einschlagen kann oder wird. Bei allen vorhersehbaren oder gewünschten Eigenschaften des Pferdes kann immer durch das Wesen des Pferdes der Wunsch des Reiters enttäuscht werden!

Der Einfluss auf die Entwicklung des Pferdes durch die entsprechende Aufzuchtherde ist dabei von sehr wesentlicher Bedeutung!

Auf Papieren oder Abstammung kann nicht geritten werden. Trotzdem ist es gut zu wissen, woher das Pferd stammt, und die Grundausbildung kann dann früh beginnen.

Erlebt man die Mutter des Fohlens bei der Erziehung, so können hieraus Rückschlüsse auf eventuelle Klippen bei der Arbeit mit dem Pferd geschlossen werden! Insbesondere im Bereich der Führung und Führbarkeit empfiehlt es sich, das eine oder andere bei der Mutter „abzuschauen". Links- oder Rechtsführigkeit, beliebte Formen des Widerstandes und vieles mehr. Die ständige Beobachtung ist dabei ein gutes Hilfsmittel, denn neben der Gewöhnung an die Anwesenheit des Menschen auf der Wiese kann dieser sich langsam, aber sicher neben der Mutter als verlässlicher Führer etablieren. Nur Spielkamerad ist der Mensch nicht, und das soll und muss von Anfang an klar sein, denn das junge Tier wird in dem Spielkameraden niemals den Erzieher und Führer erkennen, der wir ja am Ende der Ausbildung sein wollen. Der Mensch ist Ideengeber, nicht Mitspielender, auch wenn dies in der Anfangsphase noch so verlockend erscheinen mag.

Die dritte sinnvolle Zugangsform des Jungpferdes ist das Zuchtpferd im 3. Lebensjahr, hier können Eigenschaften der Anatomie und der Veranlagung schon viel besser beurteilt werden als bei dem Absetzer, nur bedenke man bitte, dass Pferde oft bis ins 8. Lebensjahr wachsen und dadurch drastische Veränderungen im Exterieur entstehen können! Voraussetzung ist, dass in den vergangenen 3 Jahren der Vorbesitzer oder Züchter mit dem Pferd zumindest die Grundlagen der gegenseitigen Kommunikation schon erarbeitet hat. Die Arbeit mit einem völlig rohen 3-Jährigen ist und bleibt eine Aufgabe, die einem professionellen Bereiter überlassen werden sollte, die dann vom neuen Besitzer bitte begleitet wird, damit dieser weiß, auf was er sich eingelassen hat. Eine einmal erfolgte Grundausbildung des Pferdes kann nicht beliebig überschrieben werden! Pferde sind keine programmierten Computer oder Apps! Es können Korrekturen erfolgen, aber die wesentlichen Abläufe bleiben die gleichen.

Von den Anlagen, Begabungen und ihrer Darstellung

Das Pferd ist ein Lehrmeister im Umgang mit uns selbst, und unserer Umgebung!

Wenn ich die Gesetze der Höflichkeit und Großzügigkeit beherrsche und diese im Umgang mit meinem Pferd anwende, so weitet sich mein Horizont, und ich kann auch mit den Fehlern und Unbilden anderer gut umgehen und lerne überdies von den schlimmsten Fehlern, die passieren können.

Zottel an seinem ersten Tag bei mir

Die Wahl des Begleiters, Ausbilders

Gemeinhin gilt der Spruch: junges Pferd, erfahrener Reiter, altes Pferd, junger, „unerfahrener" Reiter.

Nach dieser Maxime kann und sollte der Begleiter gewählt werden. Dabei ist immer darauf zu achten, dass die Kommunikation nicht nur zwischenmenschlich, sondern auch zwischen Pferd und Ausbilder stimmt. Wichtig ist zudem die Grenzen zu determinieren, beginnend mit der eventuellen Entschädigung und endend mit der eventuellen zielgebenden Nutzung des Pferdes. Ein Zeitrahmen sollte zumindest auch allgemein vereinbart werden, um dann Streitpunkte in der Zukunft zu vermeiden.

Nicht zu empfehlen ist die Annahme der gut gemeinten Hilfe von sehr jungen begabten Turnierreitern, die sich dann in das

Experiment Jungpferdeausbildung stürzten, weil dies halt zu den Vitae der erfolgreichen Reiter gehört. Die Gefahr ist groß, dass entsprechendes Pferd nicht für den Besitzer ausgebildet wird, sondern nach den Bedürfnissen und den Notwendigkeiten des Turnierreiters.

Zudem wird dann oft nach dem System Trial and Error gearbeitet, das Fehler und Probleme impliziert. Sehr oft fehlt die Struktur, und die kleinen Anfangserfolge können nicht im Rahmen einer sinnvollen Wiederholung gefestigt werden. Eine weitere Möglichkeit ist die Wahl eines Tutors, der wohlwollend begleitet und vielleicht immer nur sporadisch unterstützt und dabei auch nicht unbedingt anwesend sein muss, sondern von ferne via Film oder Foto Feedback zum jeweiligen Stand der Ausbildung gibt.

Dem Ausbilder steht eine riesige Aufgabe bevor. Er muss nicht nur im Sinne des klassischen Pädagogen seine Eleven zu Fuß begleiten. Und das meine ich buchstäblich. Er kann lediglich sporadisch durch Vormachen helfen. Vielmehr muss es ihm gelingen, sowohl für den Menschen als auch für das Pferd in jeder Situation als Ansprechpartner und Mediator da zu sein und die jeweilige Einheit im Sinne des gemeinsamen Zieles zu gestalten sowie bei beiden die Frustrationsgrenze nicht zu überschreiten. Daher sollte er in der Lage sein, ohne das generelle Ziel aus den Augen zu verlieren, situativ schnell und präzise gegebenenfalls Arbeitsabläufe zu verändern und anzupassen.

Bei jeder Arbeit mit dem jungen Pferd ist es ratsam, eine zweite Person in der Nähe zu haben, da der Umgang mit jungen Pferden immer einem bestimmten Risiko unterliegt, die nicht notwendigerweise von dem Jungpferd ausgehen muss. Die Unsicherheit des Reiters im Bewusstsein, ein junges Pferd zu reiten, kann schon ausreichen dieses zu verunsichern. So reagiert es auf sonst gewohnte Ereignisse und Geräusche. Der Begleiter am Boden kann dann beruhigend, besänftigend einwirken und die Angstautomatismen des Reiters auffangen, dabei ist vor allem auf Gewichtsverschiebungen und die zu krampfhafte Führung der Zügel zu achten.

Bei jeder Ausbildungsstufe kann ein Pferd ins Stocken geraten und sein Unverständnis oder seine Schwierigkeit durch

Widersetzlichkeit anzeigen. Hier kommt es oft zu Wiederholungen von nur einer bestimmten Aufgabe oder Lektion. Das kann dazu führen, dass das Paar in eine Streitschleife gerät, die dann dringend von dem Ausbilder aufgelöst werden muss. Zum einen durch positiv verstärkende Beendigung der anstehenden Lektion, zum anderen aber auch durch die klare Erklärung an den ausführenden Reiter oder Besitzer, warum er nun einen anderen und eventuell unorthodoxen Weg einschlägt.

Gemeinsame Zielsuche

Moderne Medien

Das Internet hat mittlerweile auch bei der Reiterei eine gewisse Bedeutung erlangt und ist durch die nahezu unbegrenzte Verfügbarkeit zu einem beliebten „Berater“ geworden. Problemtisch kann es werden, wenn die im Netz veröffentlichten Bilder und Filme zur allein selig machenden Vorgabe oder gar zur Doktrin werden. Bei der Betrachtung und Konsultation dieses Mediums sollte immer bedacht werden, dass hier stets der Idealfall dargestellt wird, die Bilderfolge und die entsprechenden Beiträge über einen langen Zeitraum erfolgt sowie in keiner Weise „Echtzeit“-Darstellungen sind. Wie immer mit Bedacht genutzt, kann es aber auch anregend und hilfreich sein.

Bis zu einem gewissen Grad sind die vielen Hilfen aus dem Internet sogar ein Hindernis, denn alle paar Wochen gibt es einen neuen Hype, der dann auch unbedingt mit dem eigenen Pferd nachgeahmt werden muss; das führt in der Regel zu einem komplett verwirrten Pferd. Dies gilt auch für all die vielen gut gemeinten Ratschläge, die ein wie auch immer gearteter Stallrat vergibt. Folgt der Ausbilder diesen, so hat er am Ende alles Mögliche, nur kein ausgebildetes Pferd.

Beginne ich mit der Arbeit mit dem jungen Pferd, sollte ich mir zunächst die Aufgabe stellen, auch über die Form der Ausbildung nachzudenken.

Diese kann geprägt sein von einer schnellen und harten oder einer nachgebenden Art! Wichtig ist hierbei die Kommunikation mit dem Ausbilder oder Trainer, der sicherlich wertvolle Tipps und Tricks weitergeben kann. Es gibt also unterschiedliche Methoden und Ausbildungswege, die beschritten werden können. Die Wahl sollte auf die Form fallen, die sowohl für Reiter als auch Pferd passt. Genauso wichtig ist es, sich Gedanken über den Ort und die Ausbildungsumgebung für das Pferd zu machen. Denn sowohl der Mensch als auch das Pferd brauchen eine entsprechende Infrastruktur. Die einmal Grenzen enthalten muss, aber auch die Möglichkeit, sich frei zu bewegen. Halle oder determinierter Platz ist nicht notwendig, aber eine eingegrenzte Bahn oder Wiese. Der Kontakt zu den Pferden der Herde sollte aber zu Beginn der Arbeit nicht abgebrochen werden. Natürlich muss ja nach Gegebenheit auch der eine oder andere Kompromiss geschlossen werden, die aber niemals Pferde oder Reiter in Gefahr bringen dürfen. Die elementaren Grundlagen der Führbarkeit müssen in jedem Fall bedingungslos sitzen.

Ruhe ist dabei immer die wesentliche Grundlage für jede Arbeit mit dem jungen Pferd. Das zweite Element ist dann die regelmäßige Wiederholung der erlernten Grundlagen. Eine nahezu meditative Arbeit. Manches Mal wurde ich gefragt, warum ich mit meinen Pferden nur die elementaren Grundübungen mache, und dies über Wochen und Monate. Weil ich nur mit den wirklich funktionierenden Grundübungen jegliche Arbeit der Versammlung und der weiterführenden Schulen entwickeln kann, ohne allzu große Mühen zu haben und ohne mein Pferd zu überfordern.

Also Ruhe, Wiederholung sowie ausreichende und lange Pausen. Die Kunst der Pause. Wiederholungen sind auch hier wichtig, denn es sind die wesentlichen Elemente im Umgang mit dem Pferd.

Bei der Arbeit mit dem jungen Pferd im Alter von 3 bis 5 Jahren soll und muss der Reiter immer im Blick behalten, dass der Körper des Pferdes sich ständig verändert und daher eine ständige Anpassung von Sattel, Zaum und Polsterung erfordert. Es ist nicht selten, dass das Pferd sich so schnell verändert, dass alle drei Monate ein Sattler kommen und den Sattel neu anpassen oder gar austauschen muss. Hier ist es von entscheidender Bedeutung, einen zuverlässigen und kompetenten Sattler zu finden, der das Pferd und den Bereiter begleitet. Mittlerweile gibt es, vor allem im Westernbereich, sogenannte Jungpferdeprogramme, die hier sehr nützlich sein können. Ein flexibler oder baumloser Sattel kann nur dann eine Alternative sein, wenn der Bereiter leicht genug ist, also um die 60 kg wiegt, und mit dieser Sattelform klarkommt. Diese Möglichkeit ergibt sich, wenn der Sattel eine ausreichende Polsterung und eine reiterführende Form hat. Ein reines Sitzkissen ist für den Beritt ungeeignet! Spätestens hier ist es von Vorteil, wenn eine zweite, emotional nicht eingebundene Person den Vorgang des Einreitens begleitet. Eine Rückenveränderung kann durchaus von einem zum anderen Tag entstehen, und dann ist ein schnelles Handeln vonnöten. Manchmal kann sich bei fortgesetztem Widerstand gegen den Sattel eine beständige Widerspenstigkeit des jungen Pferdes entwickelt. Neben einem Sattler ist Tierarzt und Osteopath optimalerweise der ständige Begleiter des arbeitenden Paares.

Schon bei der Wahl eines Trainers oder Begleiters in der Ausbildung des Pferdes sollte der Projektleiter sich Gedanken machen, welches Ziel er erreichen und welche Fortschritte er in welchem Zeitraum erzielen will. Um so für sich eine Überprüfbarkeit sicherzustellen. Gespräche über Erreichtes und die nächsten Schritte sollten zumindest einmal die Woche erfolgen, damit sichergestellt ist, dass Reiter/Ausführender und Trainer/Lehrer/Erzieher dies wieder und wieder in Einklang bringen. Denn sehr oft kann es passieren, dass der am Boden Befindliche ganz andere Eindrücke und Ziele sieht als derjenige, der direkt mit dem Pferd arbeitet.

Wenn ich davon spreche, dass Zeitdruck niemals der Grund für eine ungeduldige Ausbildung sein darf, so schränke ich das hier insofern ein, als dass die Grundlagen in jedem Fall erreicht sein müssen, und zwar natürlich in einem entsprechenden Zeitmaß, das sich in Wochen und nicht in Monaten bemisst. Schlimm ist es, wenn ich wieder und wieder Pferden im 8. oder 9. Lebensjahr begegne, die nicht oder nur marginal ausgebildet als unreitbar gelten – meist in Kombination mit osteopathischen Befunden –, die schon einmal bei jedem bekannten und unbekannten Trainer waren, aber kein Ergebnis erzielen konnten und dann ein langweiliges Leben führen müssen. Oder es hat sich niemand getraut zu sagen, dass dieses Pferd als Reitpferd nicht nutzbar ist! Meist ist dann aber die Aufgabe, das Pferd in die Kutsche zu führen, sehr schwer und kompliziert, da es dem Menschen und seinem Tun nicht mehr vertraut.

Die Großzügigkeit muss enthalten auch hier einen Schnitt machen zu können ohne ein böses Gefühl gegenüber Trainer oder Pferd. Denn wie jedes Projekt kann es neben den „normalen“ Rückschlägen konkrete Gründe geben, die Zusammenarbeit aufzukündigen. Das gilt natürlich auch für das Pferd. Wenn nämlich der Reiter an eine Grenze gerät, die zum einen zeitlich bedingt sein kann oder aber am physischen Limit scheitert. Hier muss der Reiter auch einmal sich selbst überprüfen, ob die Angst nicht der Treiber der Verzögerung an einer bestimmten Stelle ist, und dann gegebenenfalls abgeben.

Dem Pferd gegenüber sollte die Großzügigkeit zwar nicht übertrieben werden, aber die Grundeigenschaften eines Pferdes dürfen nie übersehen werden. Ich muss mich immer an die Grenzen des Pferdes halten, die ich vorfinde. Aus einem Kaltblut wird bei aller investierten Arbeit niemals das leichtfüßige Vielseitigkeitspferd, und aus einem Vollblüter werde ich niemals das Rückepferd machen können, das stoisch und ruhig seine Bahnen zieht.

Großzügigkeit heißt auch das Pferd weiterzugeben, wenn festgestellt wird, dass der Gang des Pferdes nicht gesessen werden kann oder der Reiter sich nicht dauerhaft wohl im Sattel des Pferdes fühlt! Dann gilt es, den Nachfolger zu finden, den das Pferd braucht.

Wichtig ist dabei immer im Auge zu behalten, dass die Ausbildung eines Pferdes auch eine Frage der Kosten ist! Beginnend mit der Anschaffung der geeigneten Ausrüstung und endend mit der Zahlung eines Honorars für den Ausbilder und Begleiter. Das Sparen an einer der beiden Ausgaben kann fatal für das Erreichen des Zieles sein. Es gilt unter keinen Umständen die weit verbreitete Meinung, für das Jungpferd nehme ich, was da ist, und schaffe nichts Neues an. Nein, Ausrüstung und Material müssen dem Pferd passen und sollten vom bestmöglichen Material sein! Das gilt insbesondre für Sattel und Hilfsmittel! Leider ist hier sehr oft der Ursprung für die Probleme in der täglichen Arbeit.

Für den Ausbilder gilt dasselbe. Wenn nicht klar Vereinbarung über Lohn oder Gegenleistung vereinbart sind, dann kann es passieren, und erfahrungsgemäß passiert das immer, dass im

Falle einer Trennung Streit und gegenseitige Vorwürfe diesen Abschnitt begleiten und ein schlechtes Gefühl auf beiden Seiten entsteht! Besteht eine Vereinbarung (Stunden/Wochen oder abschnittsweise), so kann immer zum Ende einer solchen Einheit im Zusammenhang mit der Standortbestimmung die Zusammenarbeit gekündigt oder unterbrochen werden. Keine, unter gar keinen Umständen mögliche Alternative ist die Befragung zweier Trainer oder Ausbilder zu gleichem Zeitpunkt, wenn die Aufgabenverteilung nicht eindeutig trennbar ist! In der Grundausbildung geht das nicht.

Wenn das Pferd in die Performance geht, haben wir eine ganz andere Situation, da hat es sich bewährt, einen Trainer für die Show und einen für die Grundarbeit zu haben, denn die Zielsetzungen der beiden können konträr, aber in der Realisation durchaus zielführend sein. In diesem Zusammenhang ist jedoch wichtig zu beachten, dass auch das Pferd mit seinem Trainer/Ausbilder und Bereiter einen Pakt oder ein Verhältnis beginnt, das ebenso beachtet sein will!

NOTIZEN

3 HALTUNG

Haltungsgrundlage der Pferde

Von der Zeit, die ich mit dem Pferd verbringen kann

Stallgemeinschaften haben aber auf der anderen Seite den großen Vorteil, dass bestimmte Tätigkeiten von dieser übernommen werden, wie Misten und die Grundversorgung des Pferdes. Dieser Vorteil sollte genutzt werden und nicht in der dauernden Auseinandersetzung mit den Problemen der anderen verschwendet werden. Wie oft habe ich beobachtet, dass Pferde lange Zeiten an den Anbindern verbringen, während Besitzer und Betreuer Kaffee trinken und Tipps austauschen, die nicht unbedingt mit dem Pferd zu tun haben. Oder sich in die Tätigkeiten und Aufgaben des Stallbesitzers einmengen; wenn das notwendig wird, so sollte dann grundsätzlich über den Stall nachgedacht werden, in dem ich stehe. Der Vorteil der Aufstallung ist doch gerade die Möglichkeit, bei knapper Zeit diese vermehrt und intensiver mit meinem Pferd oder meinen Pferden zu verbringen.

Boxenpferde zählen bei mir auch zu den Pferden mit Boxen und Paddock-Auslauf.

Herdenartige Haltung

Wichtig ist, dass eine Herde ausgewogen ist, mit klaren Hierarchien und klar verteilten Funktionen, dann ist die Herde ein guter Erzieher für das junge Pferd. Die großen Herden, die in den Ställen angeboten werden, wo nur Wallache und nur Stuten zusammen-, und bloß in kurzen Zeitabläufen zur Verfügung stehen, können das Pferd, insbesondere das junge, sehr irritieren.

Hier gilt es, mit einem klugen Herden-Management einzugreifen und zu führen. Man beachte dabei bitte, dass die Pferde in der freien Wildbahn selten Gemeinschaften bilden, die über die Zahl 5 hinausgehen, und sich die Herden nur dann vergrößern, wenn beispielsweise die Fohlenzeit beginnt. Zum andern ist jede Haltung in der Herde von Vorteil, denn das Pferd legt in der Herde weit über 20 km am Tag zurück. Diese Bewegungsintensität wird kein Reiter bei aller verfügbaren Zeit in dieser Regelmäßigkeit ersetzen können.

NOTIZEN

4 DIE GESCHICHTE VON APUESTO, GENANNT ZOTTEL

Die Namensgebung ist verbunden mit der Ausbildungsgeschichte des Pferdes. Er wurde offiziell von mir mit dem Namen Apuesto bedacht, dies heißt: der, der gefällt. Das tut er nicht, und somit hat der Name seinen Zweck erfüllt. Die Kinder verglichen ihn dann mit den ihnen bekannten Tieren oder Tierarten (Kuh), woraus sich dann der Name Zottel ergab … Insofern ist Nomen Omen. Das Pferd kam zu mir ohne eine wirklich bekannte Herkunft. Somit teilt er das Schicksal vieler Pferde, die uns in der Praxis begegnen. Er kam mit einem Transport unklarer Herkunft aus Spanien, als Fohlen bei Fuß mit einer nicht weiter bekannten Schimmelstute. Er wurde also relativ kurz nach der Geburt einmal durch Europa gekarrt. Daher kann die Phobie kommen, die er ausprägte, sich in dunkle Räume oder gar in einen Anhänger führen zu lassen. Seine erste Zeit in meiner Betreuung stand er allein mit seiner Mutter auf einer relativ kleinen Wiese, ohne direkten Kontakt mit anderen Artgenossen. Diese Zeit haben wir genutzt, um das Fohlen-Einmaleins noch einmal von Grund auf zu trainieren. Den Zug am Halfter, den kannte er schon. Da er nur seine Mutter als Vorbild hatte, nahm er auch deren Fehlhaltungen ein, so ist bei ihm die rechte Hand so sehr verspannt, dass wir noch heute Probleme mit der beidseitigen Arbeit haben! Er ist zurzeit mehr als 10-mal unter dem Sattel gewesen, hat schon seinen ersten Alleinritt hinter sich; damit hat er alle in ihn gesetzten Erwartungen sogar übertroffen.

Hier ist hervorzuheben, dass ich in der Situation war, nicht einen Ausbilder suchen zu müssen, sondern das riesige Glück habe, in meinen Schülern und Begleitern gute Unterstützer gefunden zu haben! Insbesondere Katharina, die einen wesentlichen Teil der Ausbildung des Jungpferdes übernommen hat! Durch Krankheit und arbeitsbedingt habe ich diese Aufgabe an sie übergeben müssen und danke ihr für Geduld und Ausdauer, die sich nun bezahlt machen!

Zurück zu der Angst vor Enge: Ungewöhnlich sind diese „Probleme“ nicht, denn meine alten Pferde haben diese Problematik der Dunkel-Angst entwickelt, nachdem sie nach langer Boxenzeit wieder auf die Wiese gebracht wurden. Durch die konsequente Arbeit mit dem Pferd hat sich bei Zottel herauskristallisiert, dass er von „seinem Menschen“ nur eine klare Positionierung abfragt, dann kommt er auch anstandslos in die Bereiche mit, die ihm zunächst suspekt erscheinen.

Apuesto ist unklarer Herkunft. Er hat eine spanische Mutter und einen schlicht unbekannten Vater. Eventuell eine Kaltblutmischung?

In der Färbung braun-weiß gescheckt, und damit vertieft sich der Verdacht einer Kreuzung. Tinker Quarter oder aber auch andere, nur gilt hier wie immer: Weder auf Farbe noch auf dem Papier kann geritten werden.

Zottel/Apuesto ist ein Pferd mit einem überaus starken und ausgeprägten Willen. Zäune, Eingrenzungen akzeptiert er nur sehr schwer, auf der anderen Seite ist es ein auf Menschen bezogenes Pferd, das sich ohne weitere Probleme wieder auf seine Wiese zurückführen lässt.

Dunkle Räume oder auch nur begrenzende Räume sind für das Pferd ebenfalls suspekt und immer bloß mit Widerstand zu betreten. Böse wird Zottel nie, sondern versucht mit der Positionierung seines Körpers die Problematik an seinen Führer weiterzugeben.

Mit solchen Voraussetzungen sind dann die Aufgaben im Beritt manchmal schwer, und es kam ganz anders.

NOTIZEN

5 FÜHRUNG

In der freien Wildbahn übernimmt die Führung meist eine gesetzte Stute. Der Leithengst ist dabei weitgehend entbehrlich, denn er hat nur eine Aufgabe während der Fortpflanzungszeit. Und übernimmt dann auch die Verteidigung der Herde in bestimmten Situationen.

Wird die Herde beobachtet, insbesondere in der Zeit, in der die Pferde ziehen, so sieht man, dass das Leittier oft auf der linken Seite der Herde oder des geführten Pferdes geht. Das nach- oder untergeordnete Pferd reiht sich dann auf der rechten Seite ein.

Daraus ergeben sich Position, Haltung und Einwirkung des Menschen auf das Pferd. Erlernen soll und muss das Tier aber, dass es von beiden Seiten geführt werden kann. Dies ist dann besonders wichtig, wenn es in der Ausbildung auf den Weg in den Beritt geht. Beachtet werden sollte dann dieser Umstand auch, wenn das 2. Pferd als Führpferd vom Sattel geführt werden soll. Denn wenn das Reittier das untergeordnete Tier ist, so sollte das geführte Pferd auf der linken Seite des Reittieres geführt werden und umgekehrt.

Wenn das Reittier nicht die Mutter ist, so kann dieser ständige Rangfolgestreit unter den Pferden durchaus zu Problemen führen. Daher ist es nicht unbedingt leicht, Pferde im Beritt an der Hand zu führen. Hier gehören eine genaue Beobachtung der Herde und deren Verhalten dazu. Empfehlenswert ist es hier, auf den Herdenmanager zu hören, denn natürlich ist jeder Pferdebesitzer der kleine Herdenchef.

Wie gehe ich mit dem jungen Pferd um?

Wie sieht die Arbeit mit einem Pferd aus, das nicht von Anfang an mit dem Menschen vertraut ist?

Grundsätzlich gilt, wenn ein Pferd in eine problematische Situation kommt, dann ist es am Bereiter, Führer aus dieser Situation kein Drama zu machen. Wiederholt sich eine solche kritische Situation, so kann das Pferd plötzlich zum Problempferd werden.

Beim täglichen Arbeiten kann das ganz schnell passieren, wenn beispielsweise der Reiter im Sitz ständig falsch angaloppiert und das Pferd hier immer wieder Probleme beim Anspringen zeigt. Nun heißt es, das Pferd bockt und ist schwierig, dabei hat der Reiter das Pferd in dieses Problem konditioniert … Das kann und passiert mit dem Jungpferd vor allem in Bezug auf die Führigkeit. Nimmt der Berittführer eine solche Situation wahr, so sollte er sofort in der Ausbildung einen Schritt zurückgehen und von vorne beginnen. Dies gilt natürlich auch für das erwachsene Pferd. Das ist kein Rückschritt, sondern immer eine Form der wohlwollenden Wiederholung.

Im Beritt bin ich sehr oft so weit gegangen die Grundausbildung komplett von vorne zu beginnen, immer vom Erfolg gekrönt! Dabei ist zu bedenken, und darauf zu achten, dass ein Pferd seine schlechten Gewohnheiten und Bewegungsabläufe genauso schwer loswird wie der Mensch.

Ein wesentlicher Faktor ist dabei der Faktor Zeit. Hier ist nicht entscheidend das Pferd jeden Tag im Stress und im Vorbeifliegen eine Stunde zu bewegen und dann drei bis vier Tage nicht mehr zu beachten. Es geht um die Konstanz der Arbeit. Das kann dann am Tag auch regelmäßig nicht mehr als 15 min sein. Hier sollte im Vorfeld vielleicht die Umgebung geprüft werden, ob die Wege nicht mehr Zeit schlucken als die tatsächliche Arbeitszeit mit dem Pferd. Auch alle 2 Tage 15 min sind denkbar, wenn die Zwischentage bei Boxenpferden mit ausreichender Bewegung abgedeckt sind. Mit Wegen sind all jene Tätigkeiten und Aufgaben gemeint, die der Reiter/Betreuer glaubt mit dem Pferd ausüben zu müssen. Bei der Arbeit mit dem ausgebildeten, aber auch mit dem jungen Pferd ist eine solche Phase immer dann problematisch, wenn dies in einem großen Stall oder in einer Stallgemeinschaft durchgeführt wird, denn es findet sich immer eine Stimme, die ein solches Zurückgehen in Zweifel zieht. Hier gilt es, sich nicht beirren zu lassen, insbesondere dann, wenn die allgegenwärtigen Zitate aus dem Internet als Gegenbeispiel vorgestellt werden. Es ist immer daran zu denken, dass jeder dieser Clips oft lange Zeiträume in einem kurzen Film festhält.

Kinder führen Pferde intuitiv richtig. Nur bei Kindern mit sozialen Problemen ist diese Fähigkeit manchmal verschüttet. Pferde sind dann auch die Magneten, wenn die Tätigkeit freiwillig wird. Dies ist eine der Übungen, die ich im Alltag durchführe und spannend für Pferd und Kinder ist.

Der erste Schritt ist immer, ob für Kind oder Erwachsenen, die Darstellung seiner selbst und das Wissen darum, was der Mensch will, sowie die Durchsetzung dieses Willens gegenüber dem Pferd, und dann wird aus der reinen Durchsetzung Führung!

Leider ist der Begriff abgenutzt und wird von vielen missverstanden, aber er ist die Voraussetzung für die Ausbildung und den täglichen Umgang mit dem Pferd. Ohne diesen wird das Leben mit einem Pferd eventuell sogar zur Qual!

Pferde schenken uns einen Teil ihrer Freiheit, sie verlangen im Gegenzug nur ein wenig Verständnis als Gegenleistung, insbesondere aber eine absolute Klarheit in Bezug auf die Kommunikation.

Neben der Stimme hat der Mensch, wie das Pferd, die Möglichkeit, über seinen Körper und vor allem seine Haltung mit dem Pferd zu kommunizieren. Da sich die Gewichts- und Kraftverhältnisse in einem eklatanten Missverhältnis befinden, muss der Mensch mit den Mitteln der intuitiven oder erlernten Führung versuchen mit dem Pferd Kontakt aufzunehmen.

Deshalb gilt es, sich vor einer Arbeitseinheit mit seinem oder einem fremden Pferd sehr klar darüber zu sein, welche Aufgaben dem Tier, aber auch sich selbst gestellt werden sollen. Einfach in die Bahn zu gehen oder aufzusitzen und dann davon auszugehen, dass der Ausritt schon das bringen wird, was man sich erhofft (Entspannung und Erholung), ist nicht ausreichend. In der Bahn sollten die Aufgaben und Situationen trainiert werden, die im Gelände Schwierigkeiten bereiten. Und dies beginnt immer mit dem Geraderichten des Pferdes. So ist der Beginn eines Arbeitsmodus letztlich stets die Wiederholung der Grundausbildung …

Arbeit mit dem Pferd beginnt schon im Rahmen der Bereitstellung, dem Holen des Pferdes aus der Box oder von der Weide. Hier fängt bereits die erste Kontaktaufnahme mit dem Tier an und kann entscheidend sein für den Verlauf der Arbeitseinheit oder des Tages. Das Pferd wie der Mensch unterliegt Schwankungen des Gemüts oder der gesundheitlichen Verfassung, hier ist der Beginn eines Missverständnisses eventuell schon enthalten. Jeder Einzelne ist aufgerufen sich selbst zu befragen, in welcher Verfassung er sich befindet, und sollte demnach auch die Aufgabe des Tages wählen. Das gilt ebenso für das Pferd! Nicht zu vernachlässigen sind zudem die äußeren Einflüsse wie Wind und Wetter, aber auch die Stimmung in der Halle/auf dem Platz, die sich auf die Pferde überträgt. Es kann sinnvoll sein, dann Arbeitseinheiten einfach ab oder zu zu unterbrechen! Ein Jungpferd muss bestimmte Situationen nicht unbedingt aushalten können! Der Reiter schon!

Sehr einfach gesprochen: Wenn es stark windet und das Pferd mit diesem Wetter nicht zurechtkommt, so sollte halt auch nicht auf Biegen und Brechen ein Ausritt erzwungen werden. Oder wenn ein Jungpferd einen Tag mit Schalk im Nacken hat, nicht unbedingt eine intensive Arbeitseinheit eingefordert werden.

Klassisch geführtes Jungpferd an der Hand

Die Führung

Haltung und Stellung des Pferdes sind bedingt durch die Haltung und Stellung des Reiters, sowohl am Boden als auch im Beritt! Dies ergibt sich aus dem Verhalten des Pferdes in der Herde und im täglichen Umgang mit dem Menschen. Das Pferd schaut sich unwillkürlich das Verhalten vom Menschen ab. Daher kann es dazu führen, dass ein Pferd, das in seiner Veranlagung ruhig und gelassen ist, die Unruhe und Unsicherheit des Reiters am Boden übernimmt. Hier muss und soll der Ausbilder einwirken. Der Mensch kann im Gegensatz zum Pferd sein Verhalten steuern; auch wenn er sich nicht sicher ist, kann er für das Pferd so wirken. Dies drückt sich zunächst in der Grundhaltung des Menschen zum Pferd aus. Wie im Beritt muss der Mensch darauf achten, dem Pferd mit einer aufrechten, geraden Haltung entgegenzutreten und sich von Anfang an klar über sein Ziel zu sein. Dies drückt sich dann auch in der Aufgabenstellung gegenüber dem Pferd aus.

Beginnen wird die Aufgabe zunächst mit dem geraden Gehen auf ein Ziel zu, und dies nach Möglichkeit schon von Anfang an im Takt und geradeaus. Biegungen sind dabei zu vermeiden, denn zu Beginn wird das bei dem Pferd zu Instabilität in der Gewichtsverteilung führen und es verleiten eventuell aus der direkten Einflussnahme des Menschen herauszuspringen. Dann hat der Remonten-Führer plötzlich ein springendes und bockendes kleines Wesen am Halfter oder Strick.

In dieser Phase sollte am Halfter gearbeitet werden. Später dann der Kappzaum und dann die Trense.

Der Mensch kann Führung lernen, das Pferd nur bedingt. Lediglich die Situation der Herdenauflösung oder des Umbaus einer Herde kann dazu führen, dass ein Pferd lernen muss zum Herdenführer zu werden. Ängstliche Führer sind dabei nicht zu vermeiden, sind aber in der Arbeit sehr schwer zu führen und auszubilden, denn diese Pferde sind zu unsicher, um die einmal erworbene Aufgabe dann an den Menschen abzugeben, natürlich kommt es hier auch zu Ausnahmen. Kompliziert kann es werden, wenn der Auszubildende eines der Pferde ist, das sich introvertiert auf die Beobachtung konzentriert und dann zum „Brain“ der Herde wird. Diese Pferde haben ohne Führungsanspruch einen ausgeprägten Willen, den sie dann auch auf die Arbeit mit dem Menschen übertragen. Dies gilt im Umkehrschluss natürlich auch für den Menschen.

Jede Arbeit mit dem Pferd beginnt mit dessen Führung! Hier beginnt schon im allerersten Moment der Begegnung die Anlage der gegenseitigen Führung in Respekt und gegenseitiger Anerkennung. Die Führung des Pferdes am Boden (schon als kleines Fohlen) legt die Grundlagen für die zukünftige gegenseitige

So nicht das Pferd lernt und übt durch Nachahmung

Verständlichkeit; die Haltung, die in dieser Zeit erworben wird, wird sich auch in der Reitweise und -form widerspiegeln. Eine oftmals vernachlässigte Tatsache.

Dies beginnt schon mit der Grundhaltung, mit der ich dem Pferd entgegentrete, und endet mit der durchgehenden Spannung und Aufmerksamkeit, die ich dem Pferd entgegenbringe. Da das Pferd als Fluchttier dem Führer zwar traut, aber immer darauf bedacht ist, sich selbst zu schützen, wird es daher bis zu einem gewissen Grad immer „unzuverlässig" bleiben. Natürlich kann ich mit dem Pferd ein entsprechendes Vertrauenstraining aufbauen und werde es immer in einer auf das einzelne Pferd abgestimmten Form erreichen. Der nervöse Vollblüter wird nur begrenzt die Ruhe ausstrahlen, die ein Kaltblut verbreiten kann. Das ist aber nicht der Grund, dass das nervöse Vollblut seinen Führer oder Besitzer jedes Mal in Verlegenheit bringt, wenn kleine Herausforderungen des Alltags auftreten. Wobei jeder Mensch individualisiert bestimmt, welche Bewegungsmuster oder Verhaltensweisen er akzeptiert, die gegebenenfalls für andere inakzeptabel sind. Hier muss der Reiter auch für sich entscheiden, ob er das Pferd weiter führt oder entsprechend ein Weg gesucht wird bzw. werden muss, der das Paar zusammenführt, oder eine Trennung notwendig wird. Her ist der Ausbilder/Tutor als Mediator gefordert.

Die Aufgaben zur Etablierung der Führung und der Vorbereitung des Pferdes für seine Aufgabe als Reittier/Remonte:

Zunächst geradeaus auf der Bahn oder abgesteckter Wiese, dann das Halten neben dem Reiter oder Führer. Danach lernt das Pferd auf dem Zirkel zu gehen und aus dem Zirkel zu wechseln. Ist es bei der Übung des Zirkelwechsels angelangt, so sollte hier, bei der Umstellung auf die neue Hand, auch der Wechsel des Führers und Reiters von der linken auf die rechte Seite eingeübt werden.

Zur Ausrüstung gehören hier die Gerte, Handschuhe und bei unsicheren Pferden das Aufsetzen eines Reithelms.

Die Neugier der Pferde: Wege mit und zum Pferd

Natürlich habe ich bei den Pferden die unterschiedlichsten Arbeitstypen erlebt, von faul über widerständig bis zu eifrig und lethargisch gibt es alles und jede nur denkbare Mischung, also das beste nur denkbare Übungsfeld für Pädagogen jeder Art. Eines ist aber allen Lebewesen zu eigen, insbesondere in den jungen Jahren: die Neugier! Die natürliche Neugier des Pferdes sorgt immer dafür, dass die Pferde auch bei ausgeprägter Lethargie auf Dauer mit dem Menschen zusammenarbeiten. Hier können Bälle, Pylonen, Stangen oder auch andere Hilfsmittel genutzt werden. Keine Option sind die sogenannten Leckerlis oder Futterzugaben bei der Arbeit mit den Pferden. In bestimmten Situationen hat der Mensch halt keine Leckerlis dabei, und das Pferd ist durchaus in der Lage, dies wahrzunehmen. Es verweigert dann sogar den Grundgehorsam. Bei zu häufiger Gabe dieser Unterstützer kann es dazu kommen, dass das Pferd so fordernd wird, dass es für Führer oder Reiter gefährlich wird. Daher ist es in manchen Ställen verboten, Pferde bei der Führung auf die Weiden zu füttern.

Bei dem Gang auf die Weiden gelten die gleichen Regeln und Haltungsformen wie bei den Verhaltensweisen in der direkten Führung der Pferde. Bei schwierigen Fällen kann es auch eine Option sein, den Herdenführer zu finden, diesen anzuführen und somit sein eigenes, gegebenenfalls untergeordnetes Pferd zur Zusammenarbeit zu motivieren.

Habe ich das Pferd dann einmal an der Hand, so übe ich schon auf dem Weg zum Tor die Grundlagen der Führung. Über Veränderung von Tempo und Schrittlänge als auch durch gelegentliche Stopps kann ich mit der Arbeit am und mit dem Pferd schon beginnen, bevor es unter Sattel oder vor die Kutsche kommt. In den gemeinsamen Bewegungsabläufen kann ich dann die Harmonie des Tages abfragen, die sich von Tag zu Tag verändern kann, genauso wie ich dann die Einheit an der Putzstelle dazu nutze, vordringlich nach dem Gesundheitszustand meines Pferdes zu sehen. Sollte ein Putzen notwendig sein, so werde ich dies vorzugsweise nach der Arbeit vollenden. Denn genauso wie ein Kind möchte das Pferd dann schnell in einen wie auch immer gearteten Arbeitsmodus kommen, und erst nach der Arbeit ist es entspannt genug, um sich auf die Reinigung und Massage des Putzens wirklich einzulassen.

Der Weg von der Wiese zum Arbeits-/Putzplatz (aber auch der Weg von Box zu Putzplatz) bedeutet kurze Zeiten, die für die Arbeit genutzt werden müssen; wenn nicht hier schon mit der Grundarbeit begonnen wird, habe ich die Grundlagen für die

Arbeit an diesem Tag gelegt. Auch hier sollte die Beobachtung der Herde auf das Führen des eigenen Pferdes übertragen werden.

Wie stehe ich zu meinem Pferd, und wie führe ich es?

Wenn ich die Herde beobachte, werde ich feststellen, dass das führende Pferd meist auf der linken Seite der zu führenden steht und selten die Schulterhöhe des zu führenden überschreitet (auch zu sehen bei frei laufenden Pferden auf Plätzen oder großen Paddocks). Demnach muss auch der führende Mensch diese Position einnehmen! Kinder gehen automatisch auf diese Position und können manchmal Pferde führen, die für Erwachsene unführbar sind. Folgen kann das Fluchttier Pferd nur dann, wenn es sich sicher fühlt! Das ist der Vertrag mit dem Menschen, der jeden Tag von Neuem eingegangen werden muss. Der Mensch übernimmt für das Pferd die Außensicherung und dafür das Pferd die Erfüllung der Wünsche des Menschen.

Der kurze und der lange Strick

Bei der Arbeit mit und an dem Pferd sehe ich sehr oft den kurzen gegriffenen Strick, meist gleich hinter dem Panikhaken gegriffen. Das ist eine gefährliche und in der Führung kritische Situation. Denn das Pferd hat mit seinem Gewicht des Kopfes und dem Hebel des Halses durchaus die Fähigkeit, den Menschen an dem krampfhaft festgehaltenen Strick durch die Gegend zu schleudern. Ist die Führigkeit nicht trainiert und etabliert, ist das eine ständige Gefahr, denn der Führer kann nie die Position erreichen, das Pferd zu führen. Je nach Größe und Verhältnis zwischen Mensch und Pferd ist die Länge des Führstrickes auf eine Unterarmlänge festzulegen. Die Führung des Pferdes erfolgt immer mit angelegten Handschuhen, die auch im Sommer wichtig sind. Denn es gilt immer, das Pferd kann jederzeit erschrecken, und dann entstehen unangenehme Brandverletzungen, die vermeidbar sind. Wichtig ist auch hierbei, dass die Halfter gut sitzen und von hochwertiger Qualität sind, denn diese können das Pferd ebenfalls verletzen oder Schmerzen verursachen, wenn sie zu eng an den Ohren liegen oder zu fest in die Ganasche drücken.

Die Angst vor dem Loslassen

Abgesehen davon, dass uns Menschen sehr schwerfällt, in bestimmten Situationen loszulassen, ist der Umgang mit dem Pferd von vielen Ängsten begleitet. Was passiert, wenn das Pferd auf die Straße rennt, was passiert, wenn das Pferd in das Auto rennt etc.? Alle Eventualitäten können nicht vorhergesagt oder trainiert werden. Auf der anderen Seite gibt es Situationen, in denen das Pferd versucht seinem Instinkt zu folgen und einfach losrennt. Dann gilt es, den Strick freizugeben, denn das beschleunigte Gewicht eines Pferdes kann kaum einer halten. Wenn das Pferd aber den Menschen als Bezugs- und Führungsperson akzeptiert hat, dann wird der Druck zur Rückkehr zur Herde größer sein als die Angst. Das Pferd wir nach wenigen Metern halten und darauf warten, dass der Mensch es wieder einsammelt.

Stressfaktoren des jungen Pferdes und deren Anzeichen und Symptome: Äppeln in der Bahn, Durchfall, Kopfschlagen.

Bei der Arbeit mit Pferden und während der Unterrichtseinheit habe ich sehr oft die Situation, dass es Pferde gibt, die, wenn sie die Bahn betreten, plötzlich beginnen sich in Form von Äppeln zu lösen. Das Pferd in der freien Wildbahn wird kurz vor der Flucht versuchen, sich von so viel Ballast wie möglich zu befreien, und äppeln, das zeigt es auch bei lang anhaltender Belastung, dann geht es oft auch zu Durchfall über. Im Umkehrschluss heißt das natürlich, dass das Pferd die Arbeit in der Halle als Belastung empfindet und sich innerlich auf eine Flucht vorbereitet. Das ist für Trainer und Reiter der Augenblick, in dem dann die Änderung der Trainingsmethode oder des allgemeinen Vorgehens mit und um das Pferd überdacht werden muss.

Arbeit im Gelände ist nicht das Gegenteil der Arbeit in der Halle oder Bahn

Beide, das Pferd und der Reiter, verlassen ihren gewohnten Rahmen, wenn sie ins Gelände gehen. Das Pferd verlässt seine Herde, der Mensch die gewohnte Umgebung. Für das Pferd bedeutet es, viele neue Reize zu erleben, die es gegebenenfalls noch nie gesehen, gehört, gerochen oder gespürt hat. Für den Menschen ist das Gelände immer mit der Angst verbunden, keine Begrenzungen mehr zu haben, an die er gewohnt ist und die ihm Sicherheit bieten können. In diesem Zusammenhang ist die Begleitung durch ein erfahrenes Pferd und Reiterpaar unbezahlbar.

Im Fall von Zottel war es so, dass seine ersten Gänge in das Gelände zusammen mit seiner Mutter erfolgten, sodass die Arbeit im Gelände für ihn die gleiche Selbstverständlichkeit hat wie die Arbeit oder der Aufenthalt im Gelände. Dabei hat er ein unverbrüchliches Vertrauen in den Menschen und seine Begleitung aufgebaut, das sich nun im Beritt bezahlt macht. Daher sollte das begleitende Reiterpaar dem Jungpferd bekannt sein und idealerweise ein Weidefreund oder Boxennachbar sein und sicher geführt werden.

Die Arbeit im Gelände muss dann die Fortsetzung der Arbeit in der Halle sein. Es geht im Gelände darum, dem Pferd über eine längere Strecke die Möglichkeit zu geben, in gleichmäßigem Takt und beständiger Geschwindigkeit geradeaus zu gehen und sich dabei zu entspannen. Wichtig ist, dass der Führende den Takt und die Geschwindigkeit vorgibt und nicht das Pferd. Dabei ist zu beachten, dass Geschwindigkeit und Takt bei Steigung und Gefälle gleichmäßig gewählt werden.

Spaziergänge ohne pferdische Begleitung gehören zur Ausbildung, wenn das gegenseitige Vertrauen ausgebildet wurde.

Erste begleitende Ausritte mit einem vertrauten Pferd ... hier der Mutter

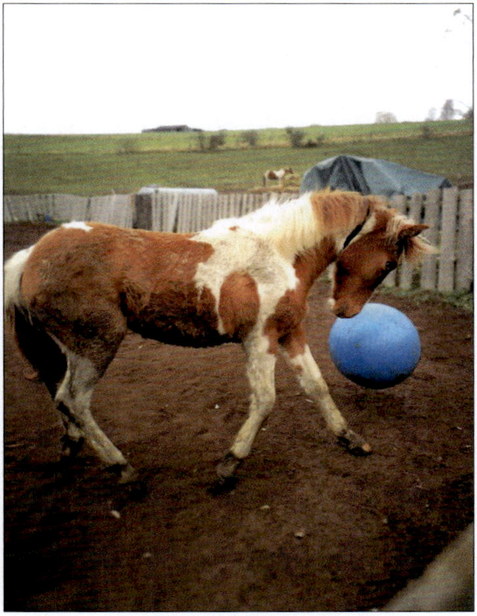

Spiel und Spaß im Viereck

Die Hand, das vergessene Hilfsmittel oder der Problemzeiger

Unterscheidung bei der Hilfengebung am und auf dem Pferd

Bei erfahrenen Pferdemenschen erleben wir oft, dass sie völlig selbstverständlich dem Pferd als Führungspersönlichkeit entgegentreten und dieses „Bodenverhalten“ auf das Pferd im Beritt übertragen. Probleme ergeben sich nur dann, wenn die jeweiligen Bereiche Beritt und Führung vom Pferd aus getrennt betrachtet werden und daher dann auch eine Angst oder Respekt vor dem jeweilig anderen Bereich entsteht, deshalb stehe ich der Trennung der Ausbildung zwischen Beritt und Zucht und Haltung sehr kritisch gegenüber, ist es doch die Übernahme der alten Tradition, einen Pfleger und den Reiter in Ausbildung und Beruf zu trennen. Beiden nimmt man etwas Wesentliches … Hier haben wir die Problematik der sehr traditionalisierten Ausbildung der Pferdewelt, die immer noch an den alten militärischen Traditionen festhält, ohne wirklich die Gründe für diese Traditionen zu rechtfertigen oder gar zu reflektieren.

Die Bodenarbeit und die Arbeit im Beritt werden oftmals als sehr weit voneinander entfernt betrachtet, so gibt es für die jeweiligen Bereiche Spezialisten, die sich nur mit diesen Bereichen beschäftigen, dabei ist es selten, dass ein guter Bodenarbeiter nicht auch meist ein sehr guter Reiter ist. Woher kommt das?

In der Vorbereitung des Pferdes auf den Beritt ist es von Vorteil, schon in der Bodenarbeit das Bewusstsein für das später zu reitende Pferd auszubilden.

Im Beritt habe ich das Gewicht als Haupthilfe (primäre Hilfe).

Den Schenkel als zweite Hilfe (sekundärer Hilfebereich).

Und die Hand als tertiären Hilfebereich, also den dritten Hilfengebungsbereich.

Wenn wir die drei Einwirkungsmöglichkeiten gegenüberstellen, kommen wir zu folgender Aufstellung:

	Reiter	Bodenarbeit
Primäre Hilfe	Gewicht/Gerader Sitz	Körperhaltung und Spannung
Sekundär	Schenkel am Pferd	Schrittführung und Takt
Tertiär	Hand/Haltung und Beweglichkeit	Hand/Haltung und Beweglichkeit

Für den Reiter ergibt sich aus den drei Bereichen der Sitz, der die Grundlage für die Bewegung auf die Pferde ist und zum Gleichgewicht der beiden Körper führen muss. Übertragen aus der Bodenarbeit könnte der Satz formuliert werden: **Der Sitz des Reiters ist optimalerweise der eingefrorene Schritt des Menschen am Boden**. Insofern sind die Haltung und Bewegung des am Boden Arbeitenden oft *disabled* im Vergleich zu dem, was er auf dem Pferd realisieren kann.

Kleine Übungen des Gleichgewichts

Bei dieser Annahme sind die Hand und die Führung derselben in beiden Bereichen gleichgesetzt und haben eine direkte Übertragbarkeit. Daher beginne ich in der Beschreibung und Bewertung mit diesem Bereich. Für mich als Ausbilder sind die Hand und die jeweiligen Fehler, die sich in der Praxis ergeben, der „Anzeiger" für die Fehler im sekundären und primären Bereich. Die Hand wird als einziges Organ von den Augen des Reiters/Führers ständig beobachtet und von unserem stark taktilen und kontrollbewussten Agieren immer als erste Hilfe eingesetzt, wenn auch oft nur dann, falls die ersten beiden Hilfen ausgefallen sind …

Wir orientieren uns dabei an den Erfahrungen unseres täglichen Lebens, wie beispielsweise dem Schreiben und der Arbeit am Computer, die ständig durch die visuelle Kontrolle bestimmt sind. Leider kommen die Fehlhaltungen aus diesem täglichen Leben auch im Umgang mit dem Pferd zum Tragen und sind in Fehlhaltungen im Körper oder sogar in Teilbereichen des Bewegungsapparats zu beobachten. Ebenso werden die Geschwindigkeit und Stärke der aufgewendeten Energie in den jeweiligen Muskelpartien von dieser ständigen Kontrollsucht des Menschen gesteuert.

Bei der Arbeit mit blinden oder mit stark sehbehinderten Kindern habe ich diese Probleme sehr selten beobachtet, denn diese müssen auf die ständige Überprüfung verzichten und konzentrieren sich mehr auf die Körperspannung und deren Einsatz.

Das Pferd hat diese Kontrollmöglichkeit nicht, da sich der Körper, der gegebenenfalls überprüft werden muss, hinter dem visuellen Bereich verbirgt. In einem bestimmten Stadium der Ausbildung kommt es immer dazu, dass sich das junge Pferd in der Biegung vor seinem eigenen Schatten erschreckt, das ist meist dann der Fall, wenn das Pferd erstmals in der Biegung seinen eigenen Schatten sieht.

Anders als der Mensch hat das Pferd als Fluchttier immer eine Grundspannung in sich, denn es ist zunächst stets bestrebt sich selbst durch Flucht zu schützen. Es hat also hier einen Vorsprung vor dem Menschen, der sich als Reiter immer auch bewusst in Spannung setzen, aber dem Pferd gegenüber der Spannung des Raubtieres so weit sublimieren muss, um dann das Pferd als Fluchttier und Opfer zu führen.

So kann gesagt werden, dass die Reiterei und die Führung des Pferdes bis zu einem gewissen Grad immer eine gesteuerte Flucht darstellen.

Durch die Haltung und die klare Schrittfolge führt der Mensch das Pferd vorwärts, durch Drehung der Schulter/des Oberkörpers wird dann die Richtung gegeben, die das Pferd einnehmen soll.

Die Hand aber ist in direktem Kontakt mit dem Pferd und wird von diesem die unmittelbarste Reaktion hervorrufen. Wie später auch im Beritt. Die weiche, nachgebende Hand ist dabei der Ausdruck des korrekten Sitzes der korrekten Haltung und stellt sicher, dass das Pferd auch „an die Hand“ geht.

Das An-die-Hand-Gehen

Im Beritt haben wir ein allgemein anerkanntes Bild.

Leicht vor der Hand stehendes Jungpferd

Das Pferd unter und über das Genick an die „Hand“ heran.

Genau dieses Ziel gilt es auch am Boden zu erreichen. Und muss Schritt für Schritt mit dem Pferd erarbeitet werden. Dies gilt sowohl für die Remonte als auch für das länger gerittene Pferd.

Die Funktionalität oder die allgemeine Führigkeit des Pferdes soll und kann immer wieder einmal überprüft werden, wenn zum Beispiel in der Bodenarbeit ohne Zügelkontakt bestimmte Aufgabenfolgen geübt werden. Dabei wird der eine oder andere feststellen, dass er die Zügel gar nicht braucht. Und daraus ableiten: „Ich arbeite nur noch frei“, oder hier ein Schwergewicht seiner Arbeit festlegen. Das kann im Beritt zu fatalen Folgen führen. Denn hier ist zu beachten, dass die Haltung nicht mehr bodenständig ist, sondern davon abhängt, ob der Mensch die Haltung ins Gleichgewicht bringen kann.

Im Beritt kann es dann dazu führen, dass das Pferd die manuellen Hilfen nicht erkennt oder nicht umsetzen kann und dann als widersetzlich oder gar maulig gilt. Im Extremen wird dann auch das Kopfschlagen des Pferdes einsetzen. Dies ist dann der Hinweis darauf, dass die Hand fehlerhaft eingesetzt wird. Dies kann dann in Kombination mit dem Gebiss zum sperrenden Maul führen. Bei Nutzung des Kappzaums ergeben sich ähnliche Fehler, aber der beständige Druck gegen die Hand kann zu ähnlichen Reaktionen führen. Das Zerren ist dann das Ergebnis eines solchen Verhaltens und zieht sich durch die gesamte Ausbildung und Führung des Pferdes.

Die Kunst des Reitens und der Zügelführung ist das Nachgeben und nicht das Annehmen.

Die Hand

Hier sehen wir die richtige Handhaltung.

Im täglichen Leben setzen wir die Hand fast immer und überall ein. Meist haben wir eine Hand, die vorwiegend genutzt wird, und entsprechend hat sich dann im Verlauf der Routinearbeiten eine Haltung entwickelt, die sich dann auf die gesamte Körperhaltung auswirkt. Das führt dann dazu, dass sich diese Mechanismen auf die Arbeit mit dem Pferd auswirken.

Für den Reitlehrer oder Tutor ergibt sich daraus die schwierige Aufgabe, diese Mechanismen wieder auf die Ursprünge zurückzuführen. Daher sind die Arbeit am Boden und die Arbeit an der Hand die Grundlage für die spätere Arbeit im Beritt.

Ziel der Arbeit an der Hand ist, möglichst wenig Gewicht auf der Zügelhand zu haben und dem Pferd im Ziel durch die Zügel nur einen Rahmen zu bieten. Die Richtung, der Takt und die Geschwindigkeit gibt der Führer über seine Haltung und den gleichmäßigen und bewussten Schritt vor.

Richtige Zügelführung/Pferd an der Hand

Diese Arbeit muss gleichmäßig und regelmäßig mit beiden Händen durchgeführt werden. Das fällt sowohl Führer als auch Pferd immer wieder schwer, ist aber die Voraussetzung, das Pferd sehr früh auf einen gleichmäßigen Gang und Takt vorzubereiten, wenn es unter dem Reiter gehen soll. Insbesondere dann, wenn es anatomisch nicht immer optimal gebaut ist. Eine anatomische Anomalie heißt nicht unbedingt, dass das Pferd als Reit- oder Zugtier nicht nutzbar ist, sondern nur, dass die Ausbildung und die Nutzung der jeweiligen Situation angepasst werden muss. Ich habe schon oft Pferde gesehen, die von den Exterieuren her eine Katastrophe darstellten, aber unter dem Sattel ein sehr harmonisches Bild abgegeben haben.

Falsch!

Im Unterricht weise ich immer darauf hin, dass der Reiter sein mächtigstes Hilfsmittel mit seinem Gewicht hat!! Es sind Becken, Bein und Gewicht, die am meisten und unmittelbarsten auf das Pferd einwirken!

Nun ist der Mensch aber bestrebt, fast alles mit der Hand zu machen oder zumindest zu steuern, denn vor der Hand sieht er das Pferd, oder zumindest den Hals, und meint, er könne das Pferd mit den Zügeln lenken und führen. Immer wieder weise ich darauf hin, dass der Hals und der Kopf des Pferdes etwa ¼ des Körpergewichtes ausmachen und somit nicht selten über 100 kg wiegen, vergessen werden aber die restlichen Gewichtsanteile des Pferdes, die sich auf Hinter- und Mittelhand verteilen und somit den größten Teil des Pferdes ausmachen, die ich ja auch führen will.

Daher kommt es darauf an, die Gewichtsaufnahme am Zügel so weit wie möglich zu reduzieren: Das beginnt schon in der Handhaltung des Strickes und der Longe. Es kommt darauf an, die Hand zwar gerade, aber locker zu führen, und dies auch zu üben. Der Einsatz von Kraft muss und sollte dabei auf ein Minimum beschränkt werden.

Hier eine drückende tiefe Hand, die zum einen die Anspannung des Führenden, zum anderen die erworbene Verkrümmung der Gliedmaße anzeigt. Rheuma, Arthritis … Und trotzdem muss hier eine Korrektur erfolgen. Deutlich zu sehen die versteifte Handgelenkspartie und die durch die Haltung vorgegebene Unbeweglichkeit, die dann in die unnachgiebige Hand mündet.

Hier die vorsichtig korrigierte Hand

Der Mensch muss aber sich selbst dabei im Auge behalten, sehr oft haben wir uns Hand- und Körperhaltungen angewöhnt, die wir dann auch auf das Pferd übertragen. Meist ist das Pferd so schief wie sein Reiter und Führer. Allerdings wird dem Pferd dann der Vorwurf gemacht, ungehorsam zu sein oder wenig Führigkeit zu besitzen, dabei spiegelt das Pferd nur die Haltung und Fehler des Menschen. Eine sehr weit verbreitete Problematik ist die Haltung des Schreibtischarbeiters, der sich in der sogenannten Maushaltung immer wieder in eine starke Schiefe begibt, oder die jahrelange Arbeit in gebückter Haltung, die dann auf dem Pferd zu Schiefen führt, die ein Bereiter beseitigen oder der Ausbilder korrigieren muss. Daher ist der Osteopath für Pferd und Reiter eine gute und wesentliche Investition. Aber schon das Bewusstsein für diese kleine, aber eminent wichtige Fehlerquelle ist der erste Schritt zur Lösung des Problems. Nachfolgend einige Bilder zu diesem Thema.

Die Hand, ein vergessenes Hilfsmittel

In diesem Zusammenhang ist der Westernsattel sicherlich der schwierigste Sattel auf dem jungen Pferd. Durch die Steife der Bäume entstehen sehr schnell Trapezmuskelverletzungen, insbesondere dann, wenn die Pferde lange außerhalb der Sichtweite einer begleitenden Person passieren (Gelände).

In der Arbeit in diesem Stadium soll dem Pferd eine Anzahl Aufgaben gestellt werden, die es schnell leicht und gerne wiederholt, um so im optimalen Fall schon jetzt mit der gleichmäßigen Wiederholungsarbeit beginnen zu können.

Hat sich das Pferd an das Gewicht im Sattel gewöhnt, so beginnt die Arbeit mit dem Pferd in der Reitbahn, auf dem Platz oder im Gelände. Der klassischen Ausbildungsskala folgend fängt bei mir die Arbeit mit dem Geraderichten der Pferde an. Automatisch erarbeitet sich das Pferd dabei ein Arbeitstempo, das an die Stelle des ersten Stürmens treten wird und in die Erarbeitung des Taktes münden kann. Gegebenenfalls endet hier die allgemeine Ausbildung, und der Spezialisierungsprozess beginnt (Western etc.). Ich empfehle einen weiterhin offenen Ausbildungsweg. Nun schon soll der Berittführer/Begleiter darauf achten, dass das Pferd gleichmäßig tritt, und vor allem auch untertritt. Bereits jetzt gilt, dass das Untertreten nicht unbedingt durch die Erhöhung des Tempos provoziert werden muss. Es sollte immer reitbar/sitzbar bleiben, denn das Pferd tendiert dann oft zum Weglaufen, und dann ergeben sich wieder Probleme in der Führbarkeit, die schwieriger zu beheben sind als eine Nacharbeit in der nächsten Zukunft. Es ist der Beginn der Arbeit am Schenkel.

Das Pferd sollte im Verlauf der Arbeit an die Wirkung des Schenkels gewöhnt werden. Voraussetzung ist dabei ein ruhiges und gelassenes Bein, das zwar da ist, aber nicht störend (klemmend) am Pferd liegt. Die Arbeit im Roundpen und an der Longe sollte dabei fortgesetzt werden. Sie ist dabei in möglichst abwechslungsreiche Tätigkeiten aufzuteilen. So ist tägliches Reiten nicht sinnvoll, sondern sollte nur alle 2 bis 3 Tage erfolgen. Im Einzelfall, und bei den allenthalben anstehenden Wachstumsschüben des Pferdes, sind Pausen, auch längere einfach sinnvoll. Nicht zuletzt zur Schonung der Muskulatur und des Skeletts des Pferdes, die sich beide den geänderten Anforderungen der Arbeit mit dem Menschen anpassen. So sollten in diesem Stadium die Biegungen und Belastungen der Gelenke möglichst vermieden werden, weiche und große gebogene Linien in der Bahn sind jetzt angesagt. Bei Apuesto, Zottel, hat es sich ergeben, dass er oft selbst darauf hinweist, wann er in die Arbeit kommen will oder muss, denn er schaut den Großen gebannt bei der Arbeit zu und versucht sich dann sogar auf Platz und Roundpen zu mogeln, um entsprechend in die Arbeit genommen zu werden.

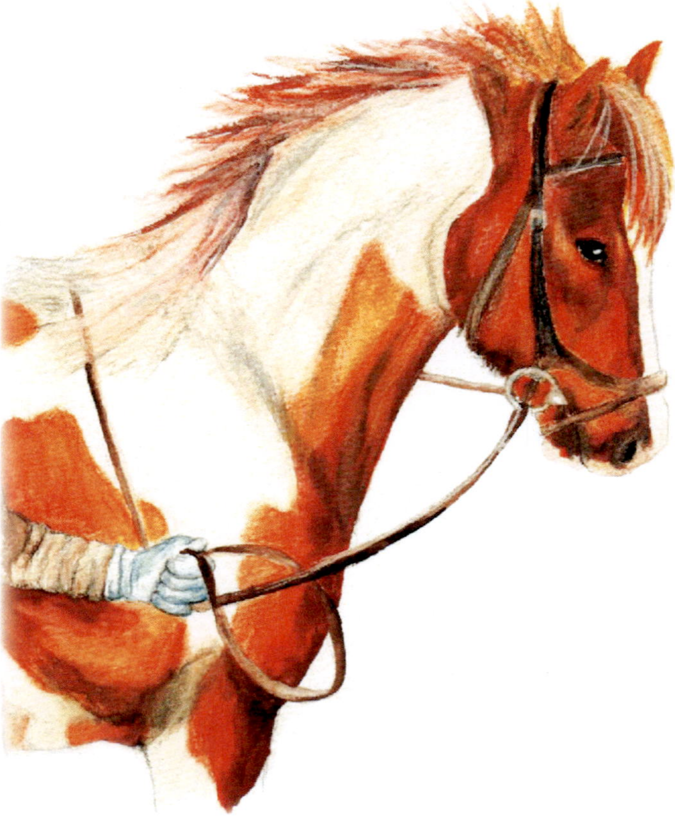

Das Jungpferd an der Hand

Es kann mit der gleichmäßigen Arbeit eine gute Oberhalsmuskulatur entwickeln und damit die Trapezmuskulatur für den Beritt verstärken.

Sonstige Hilfsmittel

Die Auswahl eines Gebisses für das Jungpferd: Hier verweise ich gerne auf die Literatur, die sich mit diesem Bereich sehr intensiv auseinandergesetzt hat. Wichtig ist, dass dem Pferd das Gebiss so passen sollte, dass es die Kautätigkeit unterstützt und die Zügelführung nicht zu sperrenden Bewegungen im Maulbereich führt. Es sollten dabei auch Maulspalte und Zungenlage berücksichtigt werden.

Neben einem sorgfältig ausgewählten Zügel und Zaum sollte der Reiter/Führer eine feste Gerte haben, die lang genug ist das Pferd über die Hinterhand zu erreichen, ohne den Oberkörper allzu stark zu verbiegen.

NOTIZEN

6 BEGINN DER ARBEIT

Gleichgewicht auf die Pferde. Beachte die ausreichend lange und feste Gerte!

Bei dem Beginn der Arbeit, den Reiter auszubilden, ist es wesentlich, die Bewegungen von Pferd und Reiter in Einklang zu bringen. Die Kinder finden schnell das Gleichgewicht auf dem Pferd und fügen sich leicht in die Bewegungen des Tieres. Trotzdem muss dies geübt und immer wieder überprüft werden.

Das junge Pferd ist nicht im Gleichgewicht und muss dieses erst einüben, genauso wie der junge Mensch. Hier kommt die

Fähigkeit der Pferde zum Tragen, auf den Menschen einzugehen, wenn sie mit behinderten oder eingeschränkt beweglichen Kindern arbeiten, denn sie gleichen die Fehlhaltungen der Kinder aus. Voraussetzung ist, dass das Pferd seinerseits sicher und selbstbewusst ausgebildet ist. So kommt es dazu, dass sich Kinder mit eingeschränkter Bewegung auf dem Pferd sicherer bewegen als auf ihren zwei Beinen.

Bei der Beobachtung dieses Vorgangs ist mir klar geworden, dass unsere Vorgaben oft aus Bildern der Verbände und Vereine entstehen (Reitvorschriften, Prüfungsordnungen etc.) und nicht aus den Anlagen und Veranlagungen des Pferdes. Dies stört das Gleichgewicht in der Kommunikation und führt zu exzessivem Training mit teils fragwürdigen Methoden und entsprechenden Ergebnissen.

Bei einem Erwachsenen ist es sehr schwer, die erworbenen und eingeübten Bewegungsabläufe zu verändern oder anzupassen. Tätigkeiten am Schreibtisch oder immer wiederkehrende Fehlhaltungen, Arbeit am Behandlungstisch, Fließbandarbeit oder Ähnliches führen dazu, dass sich der Körper des Menschen diesen Abläufen anpasst, und diese Verdrehungen finden sich in Haltung, Gang und Sitz des Reiters und Führers wieder. Dann hört deren Reitlehrer/Ausbilder oft den Spruch: „Wenn du ‚gerade' sagst, fühle ich mich schief …" So muss sich auch das Pferd fühlen, wenn die Arbeit am Boden beginnt und dann auf die Remonte übertragen wird. Im Prinzip ist es der Versuch, zwei völlig gegenläufige bewegliche Systeme zu synchronisieren. Daher sind immer die ersten Schritte die wichtigsten.

Für den Führer am Boden ist es deshalb wichtig, seinen Schritt in ein entsprechendes Gleichmaß zu bringen. Ich empfehle einmal ohne Pferd einen Zirkel in einem gleichmäßigen Tempo abzugehen und dabei festzustellen, wie viele Geschwindigkeiten dabei entwickelt werden. Nun wird das bei der Führung des Pferdes insbesondere dann zum Problem, wenn das Pferd sich an der Schrittfolge des Menschen zu orientieren versucht und dabei durch die menschlichen Taktfehler ins Ungleichgewicht gerät. Dann löst das Pferd sein Problem durch die Erhöhung seines

Taktes und „läuft“ dem Menschen plötzlich weg, denn für das Pferd ist die erste Lösung immer die Erhöhung der Geschwindigkeit, um das Gleichgewicht zu erreichen. Hier muss der Mensch sehr selbstbewusst agieren und reagieren.

Für den Menschen ist der Stand die sicherste Haltung, für das Pferd die Bewegung. Diese Antipode muss in Einklang gebracht werden.

Gelingt es nun dem Paar, ein Viereck, das optimalerweise umrahmt ist, in gleichmäßigem Schritt und Trab abzugehen, dann kann mit der Arbeit auf dem Zirkel begonnen werden. Um dann später aus dem Zirkel zu wechseln. Dabei muss die Führung des Pferdes von beiden Seiten geübt werden, d.h., das Pferd muss von Anfang an daran gewöhnt werden, dass der Mensch sowohl auf der linken als auch auf der rechten Seite der Führer ist und bleibt.

Zu Beginn der Arbeit müssen also zunächst einige Grundlagen feststehen, und das Bewusstsein für sich und das Pferd muss entwickelt worden sein.

Als nächster Schritt steht dann die Suche nach einem Ziel an! Dies muss an dem Ausbildungsstand des Reiters und des Pferdes orientiert sein und Veranlagung und Wünsche beider vereinbaren. Diese Grundüberlegung sollte zu Beginn jeder Arbeitseinheit stehen, vom Menschen aber so flexibel wie möglich gestaltet werden, denn die Tagesform und die Aufnahmefähigkeit des Pferdes ist nicht immer die gleiche.

Beachtet werden muss, dass sich das junge Pferd in einer ständigen Entwicklung befindet und sich gegebenenfalls von einem auf den nächsten Tag verändern kann; was gestern leicht von der Hand ging, kann heute zu einem erheblichen Problem werden. Bitte keine Probleme üben, sondern das Ziel anpassen und eventuell einen schon geübten Bewegungsablauf erneut erarbeiten, um das Pferd nicht zu überfordern. Für das Pferd ist es wichtig, immer wieder in Pausen gehen zu können, die es braucht, um das Erlernte zu verarbeiten; dann ist es wichtig, einfach das Erlernte zu wiederholen und keine wesentlich neuen Vorgänge darzustellen

Gut ist es, die Arbeit im Viereck durch die Arbeit in der Praxis, also im Gelände zu verfestigen. Ziel ist es dabei, dass das Pferd sowohl im Gelände als auch im Viereck in gleichem Tempo und Maß bewegt wird. Es darf nicht sein, dass das Pferd im Gelände eine andere Gangart und Geschwindigkeit entwickelt als auf dem Platz/in der Halle. Dies ist vor allem die Aufgabe des Reiters und Führers, der dem Pferd die Sicherheit und das Tempo vorgeben muss. Im Gelände kann dafür der lichte Wald genutzt werden, der durch die Arbeit der Biegung das Tempo und das Gleichmaß der Schritte übt. Bevor das nach vorne stürmende Pferd mit der Hand gezerrt wird, sollten der Zickzack um Bäume und die Bewegung im Kreis auch im Wald geübt werden. Notfalls muss dann die Dauer des Ausflugs ins Gelände abgekürzt werden.

Nicht vergessen darf der Führer, dass die Konzentrationsphase beider, des Pferdes und des Reiters/Führers, selten die 15 min übersteigt.

Durch das gemeinsame Stehen gleicht die Stute das Kind aus.

Exkurs zum zweiten Pferd

Wenn ich ein junges Pferd bekomme, werde ich alles anders machen.

Die Fehler, die das alte hat, möchte ich bei meinem jungen nicht sehen.

Ich bilde selbst aus, um die Geschichte meines Pferdes selbst schreiben zu können.

Dieser Gedanke führt sehr oft dazu, dass ein neues junges Pferd gesucht wird. Das junge, neue Pferd muss dann all die Erwartungen und Ansprüche des Menschen erfüllen, die das „alte, zweite Pferd“ nicht erfüllen konnte. Das ist ein Ansatz, der zum Scheitern verurteilt ist, denn das neue Pferd kommt mit ganz eigenen

Anlagen und Anforderungen und wird in jedem Fall ein kleines Überraschungspaket sein. Darauf muss der Reiter vorbereitet sein, und hier kommt die Aufgabe des Betreuers/Reitlehrers oder Tutors zum Tragen, der hier als Vermittler/Mediator auftreten muss. Die Vorzüge des „alten“ Pferdes sollen auf das junge Pferd übertragen werden, die menschgemachten Fehler desselben vermieden.

Jung und Alt in Aufmerksamkeit vereint

NOTIZEN

7 DER ERSTBERITT

Der Erstberitt

Der Erstberitt als solcher, also nicht die spielerische Auflage von Sattel oder anderen Gegenständen, Belastung der Bügel, bei aufgelegtem Sattel, sondern das absichtsvolle Reiten.

Das Aufsteigen

Das Gegenhalten
Um es einem Reiter zu ermöglichen, dass er das Pferd besteigen kann, müssen einige Vorgaben erfüllt werden. Zunächst muss das Pferd stabilisiert werden, und dafür braucht der Reiter die Hilfe eines zweiten. Dieser steht auf der Gegenseite des Aufsteigenden. Es ist dabei unerheblich, ob von rechts oder links aufgestiegen wird. Genau wie die Menschen hat ein Pferd die Möglichkeit, entweder links oder rechts lieber Gewicht aufzunehmen. Hier sollte am Beginn den Notwendigkeiten des Pferdes gefolgt werden und nicht den Traditionen des Reiterlebens, das den Aufstieg von links bevorzugt. Nicht zuletzt ist dies darauf zurückzuführen, das die meisten Menschen Rechtshänder sind und daher auch ursprünglich die Säbel der Soldaten auf der linken Seite hingen, daraus ergab sich dann die Arbeit am Pferd von der linken Seite. Also eine tradierte Arbeits- und Herangehensweise.

Das Aufsteigen
Das absichtsvolle Reiten beginnt mit der Wahl des Reiters. Es sollte eine agile und schnelle Person sein, da es, egal wie lange das Pferd vorbereitet wurde, im Moment des Aufsitzens immer tausend Unwägbarkeiten gibt. Insbesondere der aufgerichtete Körper

des Menschen auf dem Pferd wird stets eine Irritation darstellen. Auch die Bewegungen auf dem Rücken werden zunächst das junge Pferd irritieren, auch wenn dies oftmals zuvor geübt worden ist. Hier zahlt sich aus, je mehr und wie frühzeitig das Pferd an ungewöhnliche Geräusche und Bewegungen gewöhnt worden ist, die der Mensch um es herum verursachen kann.

Das Aufsteigen selbst sollte zunächst bei einem erfahrenen Pferd geübt werden. Oft beobachtet der Reitlehrer ein schnelles Aufspringen auf die Sattelfläche und unruhige Pferde. Selten werden Aufstiegshilfen oder ein gegenhaltender Begleiter eingesetzt. Das Anheben der Reiter in den Sattel sollte den Kindern vorbehalten sein …

Für das junge Pferd ist der erste Beritt immer spannend und sollte nicht mit Angst verbunden sein. Bei den meisten Vollblütern sieht man das Ergebnis des eingeübten Draufwerfens der leichten Reiter. Hier schnellen die 20-jährigen Senioren noch genauso los wie der 3-jährige Protagonist der Rennen aus der Vergangenheit.

Dass Aufsteigen im Gelände ohne Beistand eines Zweiten geübt werden muss steht auf einem ganz anderen Blatt, ist aber zunächst nicht das Thema der Remonten-Ausbildung. Die Lastübungen an den Bügeln sind jedoch grundlegende Voraussetzungen für den ersten Ritt. Hier wird entscheidend sein, das Pferd von Anfang an mit einem guten und vor allem passenden Sattel zu versehen!

Sobald das Gewicht des Reiters über der Mitte des Pferdes ist, kann aufgesessen werden, das Aufspringen oder gar In-den-Sattel-Fallen muss in jedem Fall vermieden werden.

Aufstieg ohne Aufstiegshilfe sollte geübt werden, denn im Gelände kann es geschehen, dsss kein geeigneter Ersatz zu finden ist, ein Absteigen aber notwendig werden kann.

Gerte oder sonstige Hilfsmittel bitte in die linke Hand, wenn von rechts aufgestiegen wird, in die rechte. Der Aufstieg sollte von beiden Händen geübt werden.

So früh wie möglich das Gewicht über den Sattel legen.

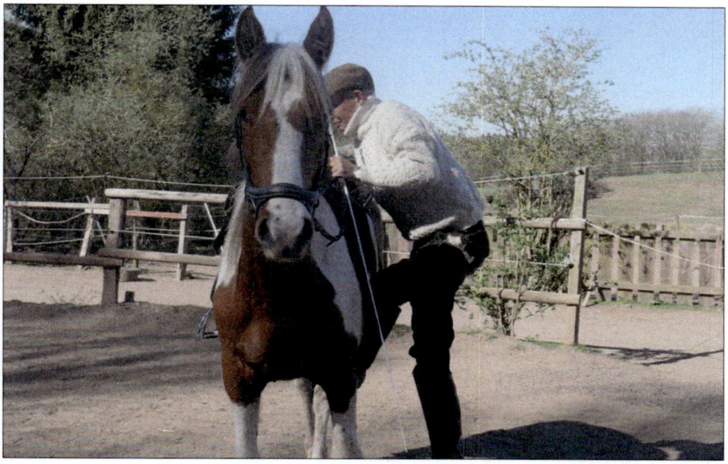

Weich und vorsichtig einsitzen, egal welche äußeren Einflüsse gegeben sind.

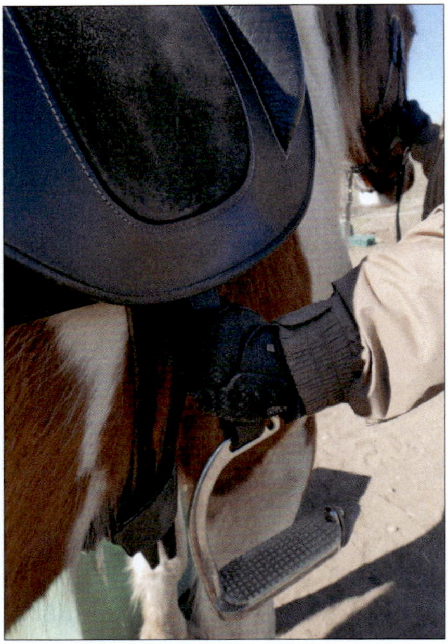

Korrektes Gegenhalten
Der Assistent kann auf diese Weise vermeiden, den Reiter in der Zügelführung nach dem Aufsitzen zu behindern, und gleichzeitig bei dem Einsetzen der Füße in die Bügel assistieren.

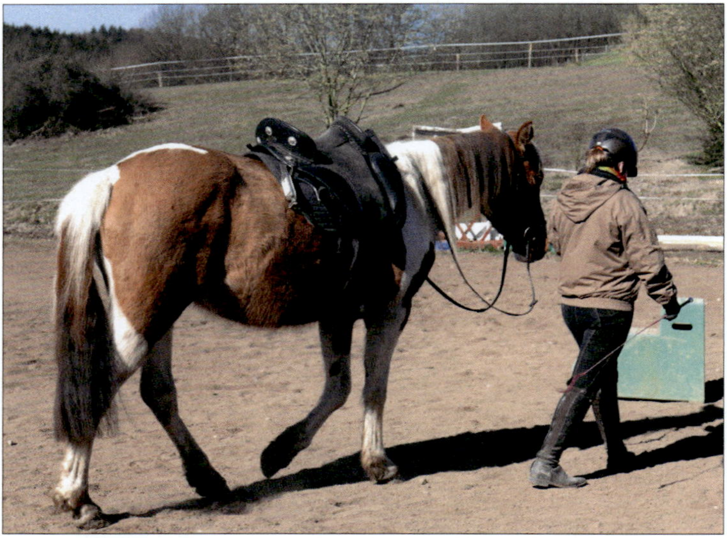

Heranführen an die Aufstiegshilfe

In manchen Zusammenhängen hat sich bei Pferden das Heranführen an die Aufstiegshilfe zum Problem entwickelt. Meist ist es eine Kombination aus dem Problem der mangelhaften Besattelung und dem ungeschickten oder schmerzhaften Prozess des Aufsteigens. Leider hat das Pferd nur den passiven Widerstand als „Meinungsäußerung", daher sollte zunächst überprüft werden, ob Sattelung und Gurtung dem Pferd nicht Schmerzen bereiten, bevor dem Pferd eine Torturübung des Heranführens zugemutet wird. Dann aber muss das Heranführen und Stehen bis zum Aufstieg sitzen. Denkbar ist es, wieder mit der Remontenausbildung zu beginnen. Heranführen des Pferdes von der rechten Seite und dann Standübung an der Aufstiegshilfe. Das muss dann auch im Gelände geübt werden.

Korrekte Aufstellung vor der Arbeit

Korrekter Sitz
und Beinhaltung

Die ersten Schritte unter dem Sattel erfolgen in der Begleitung des Führers am Boden. Das Pferd wird immer ein wenig wanken, wenn es Gewicht aufnehmen muss, und sollte es stolpern, kann und muss es halten, um erneut mit der Bewegung beginnen zu können. Wichtig ist hierbei, dass das Pferd mit den Grundlagen des Führens am Boden vertraut ist. Der Führer am Boden macht dabei nicht nur die Sicherungsbegleitung, sondern sorgt durch seine Haltung sowie Stellung für die Sicherheit des Pferdes und wiederholt dabei die Grundlagenarbeit der bisherigen Ausbildung. So sollten am Boden schon die Aufgaben Biegungen und Wege geübt sein, bevor das Paar im Beritt die Figuren nachreitet.

Schenkel, Zügel und Gewicht des Reiters bleiben in dieser Phase des allerersten Reitens noch weitgehend ohne Einwirkung. Die treibende Wirkung der Schenkel wird das Pferd erst nach einigen Wiederholungen wahrnehmen können. Hier kann durch verfrühte Anwendung von Kraft (Pressen der Schenkel) die Grundlage für ein triebiges Pferd gelegt werden.

Das Pferd steht zunächst unter dem Eindruck vielfältiger Einflüsse, die dann Schritt für Schritt verarbeitet werden müssen.

Der Sitz und das Gewicht

Die ersten Reitminuten, Runden sollten nicht länger als 5–10 min dauern, dies kann schon für den Reiter sehr belastend sein, weil dieser gegebenenfalls ebenso mit der Konzentration zu kämpfen hat wie das kleine Pferd.

Der Übergang in die Arbeit in der Ausbildungsskala ist ein großer Schritt für beide, Reiter und Pferd.

Die Skala der Ausbildung:

- Takt
- Gerade Richtung
- Anlehnung
- Schwung
- Losgelassenheit
- Versammlung

Die Wahl der Reihenfolge kann dabei durchaus pferd- und reiterbedingt variieren.

Die größte Einwirkung hat der Reiter durch den Einsatz seines Gewichtes und dessen Platzierung im Sattel. Am Boden wird das Gewicht durch Haltung und Stellung ersetzt. Also kann im Umkehrschluss aus einer guten Bodenarbeit ein gutes Reiten hervorgehen. Daher ist es entscheidend, die grundlegenderen Absprachen zwischen Mensch und Tier immer aufs Neue zu wiederholen und zu verfestigen.

Die Phase des Geraderichtens, das haben meine Pferde oft als die langweiligste Zeit wahrgenommen, da sie dann immer wieder Runde um Runde im Viereck oder Roundpen gehen mussten, und hier kam es dann schnell zu nicht erwünschten Willensäußerungen der Pferde.

Hat das Pferd sich an Gewicht und Reiter gewöhnt, so kann mit der Arbeit an der Ausbildungsskala begonnen werden.

NOTIZEN

8 WIEDERHOLUNG, EINE FORM DES BEGINNS. DIE ÜBERTRAGBARKEIT

Die Arbeit mit dem Jungpferd und die Übertragbarkeit auf das erfahrene Pferd

Immer wieder ist der ungleichmäßige Reiter auf dem ausbalancierten Pferd. Oftmals sind die Pferde nicht mehr geradegerichtet, entweder schon seit dem Einreiten oder durch den Beritt mit einem immer gleichen Haltungsfehler. Dem Wunsch, sein Pferd selbst auszubilden, steht manchmal der Stand der Ausbildung des Reiters im Wege. Deshalb ist es von großer Bedeutung, dass ein erfahrenerer Trainer oder aber auch ein ehrlicher Berater dem Projekt „Einreiten" wohlwollend beiseitesteht. Dabei gilt es, sich selbst und sein Pferd ständig zu beobachten. Hier gilt es unbedingt, die Kommunikation aufrechtzuerhalten und Ehrgeiz hinter die tatsächlich erreichten Ausbildungsstufen zu setzen! Denn nicht selten bietet das Pferd plötzlich Aufgaben und Bewegungsabläufe an, die eigentlich noch nicht der Ausbildung entsprechen. Bitte diese Angebote annehmen, aber nicht zur Pflicht werden lassen.

Das häufigste Problem beim Reiter ist die natürliche oder erworbene Schiefe. Wenn Reiter durch ihre Schiefe einseitig belasten, führt dies dazu, dass das einseitig belastete Pferd Fehlmuskulaturen aufbaut und nach einer gewissen Zeit als unrittig, ungehorsam oder widerständig gilt. Hier ist es gut, wenn ein zweiter Reiter mit entsprechender Gegenbegabung in die Arbeit mit dem Pferd einbezogen wird. Wichtig ist dabei, dass das Pferd und seine Entwicklung im Vordergrund bleiben und nicht eventuelle Befindlichkeiten wie der „Stolz" des Besitzers, der natürlich den Beritt seines Pferdes am liebsten immer allein gemacht haben will. An dieser Stelle zählt das Ergebnis! Nicht der Weg dahin.

So kritisch es sein kann, zwei unterschiedliche Reiter an einem jungen Pferd arbeiten zu lassen, so sollte dem Wunsch des

Besitzers nachgekommen werden, der an dem Prozess des Einreitens beteiligt sein will.

Wiederholen ist eine Kunst

Von der Kunst der Wiederholung

Dies kann auch mit Üben übersetzt werden. In der Musik wird gesagt, dass erst nach 10 000 Stunden Üben die Improvisation als Kunst ausgeführt werden kann. Und das setzt Begabung und Liebe zur Musik voraus. Sofern überhaupt, so ist die Beziehung zwischen dem Menschen und seinem Pferd die des Musikers zu seinem einmaligen Instrument.

Genauso ist es bei dem Seemann, der zunächst die handwerklichen Griffe seines Berufes erlernen, dann die See und das Meer lesen und am Ende dann auch noch sein Schiff mit seinen Arten und Unarten kennenlernen muss, um am Ende ein Meister seiner Kunst zu werden.

Daher ist es unabdingbar, immer und immer wieder die Grundlagen einzuüben, alle weiteren Entwicklungen ergeben sich aus diesen Grundlagen. Der größte Virtuose wird immer wieder die Tonleitern des Anfängers einüben und in deren exakten Ausführung die größte Befriedigung erleben.

In der Regelmäßigkeit liegt das Geheimnis des Erfolges, das impliziert immer auch die Wiederholung! Damit ist nicht nur die Arbeit im Viereck gemeint. Im Gelände kann die Wiederholung der stets gleichen Abläufe und Strecken dazu führen, dass die Jungpferde nicht die Lektionen realisieren, sondern sich auf Gangarten fokussieren und im extremen Fall sogar an diesen Stellen bei Abweichungen durchgehen oder zumindest widerspenstig werden.

Draußen muss der Reiter sich auf seine eigenen Fehler und Arbeitspunkte besinnen und intensiv an diesen arbeiten. Das wird zum Erfolg führen, wenn die Arbeit konsequent immer wieder geübt wird. Und wenn nach einem Ausritt erst am Ende ein Erfolg zu spüren ist, dann ist das ein Erfolg. Bitte sich jeweils nur eine Aufgabe mit ins Gelände nehmen, beispielsweise Seitwärtsgänge, bei zu vielen Aufgaben kann auch eine Überlastung des Pferdes eintreten (Reizüberflutung). Bei einem Ritt mit einem Jungpferd gilt zudem und insbesondere, dass der Rückweg und die letzten 100 Meter die gefährlichsten sein können, da das Pferd sich hier „auskennt" und auf Veränderungen ängstlich reagiert!

Sollte die Arbeit im Gelände nicht befriedigend gewesen sein, so ist es nicht empfehlenswert, im Anschluss wieder in die Halle oder ins Viereck zu gehen, denn die meisten Pferde sehen das als Strafe an, die sie nicht verstehen, und reagieren mit Verhärtungen.

Wünschenswert ist, dass das Pferd demnach sowohl in der Halle als auch im Gelände durchgehend an der Hand geritten wird. Das Pferd ist sicherer, wenn es durchgehend über den Rücken gehen kann, die Belastung des Pferdes, insbesondere der Vorhand, geringer ist. Dabei sollten wir im Kopf behalten, dass das Pferd in seinem Ursprung nicht als Reittier konzipiert ist und sich demnach an diese Arbeit erst gewöhnen muss. Hierzu gehören aber auch der Aufbau der Muskulatur und die Stärkung des Skeletts.

Wird das Pferd nicht mit einer bestimmten Konstanz über den Rücken geritten, kommt es zur Fehlmuskulierung und zur einseitigen Muskelausbildung, die dann die Rittigkeit des Pferdes einschränken. Diese Aufbauphase muss immer aufs Neue wiederholt werden, beispielsweise wenn Pferde aus der Winterpause kommen oder krankheitsbedingt längere Zeit nicht gearbeitet wurde; bei einem Jungpferd kann eine solche Wiederaufbau-Phase schon nach wenigen Tagen der Ausbildungsunterbrechung anstehen.

In der Halle hat der Reiter die Möglichkeit, auch dem Pferd eine Routine zu geben, dabei muss der Reiter darauf achten, dass das Pferd die Gelegenheit bekommt, sich ausreichend mit der Arbeitssituation auseinanderzusetzen, beispielsweise durch 2 und 3 Pferde in der Halle Ungewöhnliche Wetterbedingungen und veränderte Lichtsituationen führen dazu, dass sich ein Pferd irritiert oder im Extremfall ängstlich verhält. Diese Aufmerksamkeitsphase sollte immer dann wiederholt werden, wenn sich eine Änderung in der Umgebung ergibt. Ist das Pferd in Ruhe gekommen, hat gegebenenfalls seinen Darm entleert, und geht ruhig und gelassen neben seinem Führer, kann ans Aufsteigen gedacht und mit der Arbeit begonnen werden, dies kann zwischen 5 min oder 20 dauern, das ist immer abhängig von Pferd, Reiter und Tagesform. Im schlimmsten Fall entwickelt sich ein langer Spaziergang.

Bei der Arbeit im Gelände ist darauf zu achten, dass das Pferd als Fluchttier und potenzielle Nahrung für Raubtiere eine ganz andere Aufmerksamkeit für die Umgebung entwickelt als wir Menschen. Dem Pferd ist nicht gesagt worden, dass der Wolf und der Bär nicht mehr durch die Wälder streifen. Deshalb obliegt es dem Menschen, dem Pferd die Sicherheit zu geben und zu vermitteln. Das kann nur durch Übung und bei bestehendem Grundvertrauen erfolgreich sein. Der Vertrag zwischen Mensch und Tier lautet: Die Außensicherung wird vom Menschen gemacht, die Sicherung der unmittelbaren Umgebung übernimmt das Pferd. Daher muss und soll der Reiter die Umgebung sehr genau im Blick haben, denn jegliche Überraschung verursacht beim Pferd den Fluchtinstinkt und kann bei häufigen Wiederholungen zu unerwünschten Reaktionen führen: Durchgehen/nervöses Verhalten usw.

Daher ist es notwendig, oft und regelmäßig mit dem Pferd sowohl an der Hand als auch im Beritt im Gelände unterwegs zu sein, um es an all die Möglichkeiten und Unwägbarkeiten zu gewöhnen. Hier kann die Mitführung eines Hundes von großem Vorteil sein.

Bereits während des „Warmführens des Pferdes“ ist es gut, die anstehenden Übungen schon einmal abzulaufen und nicht nur stumpf im Kreis zu gehen. Eine schöne und routinierte Aufgabe in einer 20 x 40-Bahn ist die Schlangenlinie durch die Bahn, mit einem Jungpferd 3, mit einem ausgebildeten Pferd 4 Schlangenlinien. Diese Übung ermöglicht es dem Pferd, dass gleichmäßig auf beiden Händen gearbeitet wird, ohne allzu sehr von den Beengungen der Bahn behindert zu werden; vor allem aber die unwillkürliche Arbeit nur auf einer Hand wird vermieden.

Im Beritt ist dann die Aufgabe, aus dem Zirkel zu wechseln, und die Aufgabe des sogenannten Schmetterlings eine gute Übung. Werden diese Übungen konsequent und gleichmäßig durchgeführt, kommen Reiter und Pferd in einen Flow, der meditativ genannt werden kann, Pferd und Reiter werden dann zu einer Einheit und können sich immer besser abstimmen und aufeinander einlassen. Ist dies erreicht, kann aus diesem Zusammenhang eine neue Lektion oder Aufgabe erarbeitet werden.

Das ist auch der Moment, in dem der Reiter im entspannten Arbeiten angekommen ist. Nun beginnen der Genuss und die Freude an der Arbeit mit dem Pferd. Freizeit!

Sowohl Pferd als auch Mensch haben bestimmte Vorlieben für Mit- und Artgenossen, danach kann es notwendig werden, die Aufgaben neu zu wählen, wenn man sich zuvor eine Aufgabe für die anstehende Arbeitseinheit vorgenommen hat. Im Äußersten muss die Arbeit für diesen Tag verschoben werden. Der Mensch tendiert dazu, sich an dem störenden Element aufzuhängen, und die Kommunikation mit dem Pferd ist durch diesen Zustand durchbrochen. Umgekehrt sind die Arbeiten der Halle in der Anwesenheit eines „Freundes" oft sehr verführerisch, sowohl für den Reiter als auch für das Pferd. Die Ablenkungen sind vielfältig und können von einem kurzen Schwatz bis zu einem ineffektiven Nachahmen der Arbeit des anderen führen.

Bei der Arbeit mit dem jungen Pferd ist es auch zu einem fortgeschrittenen Zeitpunkt wichtig, dass ein zweiter Reiter im Viereck oder im Gelände vorhanden ist. Nicht zuletzt dem Sicherheitsaspekt geschuldet. Es muss jemand sein, der notfalls 112 wählen kann, wie ein Schüler von mir zu sagen pflegt. Ein für das Pferd vertrauenswürdiger Trainer oder Begleiter kann den Artgenossen ersetzen, das kann auch die Aufgabe eines nicht reitenden Begleiters sein. Wenn das Pferd an Hunde gewöhnt ist, dann können diese die Begleitung ersetzen.

Der erste Alleinritt ist immer mit dem Erstflug eines Flugschülers zu vergleichen.

Leicht an der Hand stehendes Jungpferd. Klar geführte Gerte als Unterstützung

Die Ausbildung und Wiederholung der Grundübungen endet im gesamten Pferdeleben nicht!

Die ständige Wiederholung der Grundübungen macht sowohl Reiter als auch Pferd sehr viel Freude und kann zur Entspannung und Reaktivierung der Arbeitsfreude führen.

Die natürliche Neugier der Pferde

Bei Fohlen habe ich schon sehr oft beobachtet, wie aufmerksam und interessiert sie an der Arbeit der „Erwachsenen" teilnehmen. Daher ist es von Vorteil, das junge Pferd immer wieder mit den älteren, ausgebildeten Pferden zu führen und zu bewegen. Die

Nachahmung, die in der Natur zu der „Ausbildung" in der Herde führt, kann hier genutzt werden, um dem Jungpferd seine neue Aufgabe nahezubringen oder gar zu vermitteln. Eine schöne Begebenheit war, als die Problematik der rechten Hand bei einem Junghengst ganz schnell beseitigt war, nachdem er etwa 20 min dem „Altwallach" bei der Arbeit an der Longe zugesehen hatte.

Nur vom Zuschauen kann es aber nicht kommen! Das wäre dann doch manchmal ein wenig zu viel des Guten. Das Folgen in der Halle und die Arbeit neben dem älteren Pferd sind auch eine der Maßnahmen, die zum Erfolg führen. Achtung! Pferde versuchen immer wieder in der Halle die auf der Wiese oder dem Paddock geübten und erlernten Hierarchien durchzusetzen oder nachzuahmen. Das kann zu schwierigen Situationen führen. Dies erfordert von Reiter und Berittführer ein erhöhtes Maß an Aufmerksamkeit und Konzentration!

Grundlagen sind immer die ersten einfachen Schritte im Umgang mit dem Pferd, beginnend mit dem Weichen des Pferdes vor dem Menschen, wenn es aus der Box geführt wird, oder dem freiwilligen Kommen auf der Wiese.

Show und Turnier sollen beiden Seiten Freude machen und erst dann in Betracht gezogen werden, wenn bei beiden, Pferden und Reiter, sonst auch alles stimmt. Ein Turnier, nur um die notwendigen Punkte für irgendeinen Wettkampf zu erreichen, sind nicht der Anlass oder Grund, ein Pferd auch nur kurzfristig zu überfordern.

Bei der Ausbildung und dem täglichen Beritt der Pferde ist zu bedenken, dass es gut sein kann, den einen oder anderen zweiten Reiter oder Bereiter zu engagieren, denn es gibt wie bei den Pferden auch bei den Reitern oft unterschiedliche Bewegungsabläufe. So gibt es Performer, die besonders gut in der Situation der Prüfung zurechtkommen, und diejenigen, die in der täglichen Arbeit besser sind. Daher kann es sinnvoll sein, natürlich immer in gegenseitiger Absprache, die Berittform so zu kombinieren, dass das Pferd schon sehr früh lernt nicht nur unter einem Reiter zu funktionieren, sondern auch auf unterschiedliche Ansprüche zu reagieren.

Grenzen der Wiederholung

Die Wiederholung ist natürlich nur dann sinnvoll, wenn das entsprechende Ergebnis erzielt wird und keine Ermüdung auf einer der beiden Seiten entsteht. Das ist insbesondere gemeint, wenn das Annehmen der Zügel zum Kraftaufwand wird oder das Pferd nur noch auf erheblichen Druck reagiert. Hier ist stets auf das Motto zurückzugreifen, dass das Reiten immer die Kunst des Nachgebens ist.

Wichtig ist auch die Nachahmung, die für das Pferd in seinem ganzen Leben von Bedeutung ist! Sie schauen sich aber ihr Verhalten nicht nur von Artgenossen, sondern auch von den sie führenden Menschen ab!

NOTIZEN

9 „UND WAS SONST NOCH …"

Kleinste Hilfen im Alltag

Da das Pferd ein Flucht- und Angsttier ist, soll der Mensch ihm die Sicherheit und Geborgenheit der Herde ersetzen, das beginnt mit dem ersten Schritt den er/sie auf das Pferd zugeht. In der Box soll das Pferd dem Menschen als Respektbekundung einmal an der Tür weichen, also zurücktreten. Dies ist das erste Manifest des Führungsanspruchs des Menschen gegenüber dem Pferd. Erst dann kann das Pferd sicher aus seiner Box geführt werden. Verständlicherweise will sich das Pferd nach längerer Stehzeit bewegen und tendiert zum Stürmen oder hat Eile, in Bewegung zu kommen, muss und soll aber dem Tempo des Menschen von Anfang an folgen. Das ist für den Beginn der Arbeit und den täglichen Umgang mit dem Pferd essenziell, deshalb bitte die kleinen Gehorsamslektionen immer als Routine einfordern, im Sinne der Wiederholung als Ritual einsetzen.

Wie oft habe ich es erlebt, dass Pferde ihren Menschen einfach überrennen, wenn sie geholt werden, und nicht selten schließt sich eine verzweifelte Arbeitseinheit an diese erste Begegnung an.

Auf der Wiese ist dann sehr oft zu beobachten, wie die Besitzer oder Betreuer hinter den Pferden herlaufen und mit wachsender Verzweiflung versuchen diese einzufangen. Das hat meist damit zu tun, dass der Mensch Angst vor seinem Pferd oder der bevorstehenden Tätigkeit hat, das Pferd aber kein Vertrauen in Haltung und Absicht des Menschen. Bei solchen Situationen empfiehlt es sich, zunächst einmal die Zeit einzukalkulieren, die es dauert, sich mit dem Herdengefüge vertraut zu machen, und dann auf die natürliche Neugier des Pferdes zu vertrauen, das sicher kommt, wenn der Reiter/Betreuer oder Pfleger lange genug wartet. Und manchmal reicht es auch, dem Pferd zu vermitteln, dass spannende Dinge nur dann passieren, wenn der

Mensch das Pferd begleitet – Zottel kommt tatsächlich an die Tore der Wiese, um seine tägliche Arbeitseinheit einzufordern.

Man bedenke bitte, dass jedes Mal die Begegnung mit dem Pferd eine neue ist und der Vertrag mit dem Pferd jeden Tag neu geschlossen werden muss!

Wird das Pferd von der Weide geholt, so hat dieses sich in seine noch so kleine Herde integriert und wird nur ungern die über Nacht oder auch nur über die wenigen Stunden der Weidezeit erworbene Sicherheit in der Herde aufgeben, um sich einer ungewissen Aufgabenunterordnung mit dem Menschen hinzugeben. Daher ist die Annäherung an das Pferd schon der erste Schritt:

Sollte ich gerade auf das Pferd zugehen, kann dieses meine Bewegung als Angriff ansehen und dann vor mir weglaufen, um sich in „Sicherheit" zu bringen. Oft versteckt es sich dann hinter Artgenossen und fordert von der Herde ein es zu beschützen. Meist hilft der Kontakt mit dem Herdenführer und die Neugier, um das Vertrauen des Pferdes wiederzugewinnen, denn jedes Pferd ist in seinem Wesen neben ängstlich auch schlicht neugierig und wird sich so auf den Menschen einlassen. Meine Pferde wissen sehr genau, wann sie in die Arbeit geholt werden, und zeigen nur in seltenen Fällen ihre Unlust an der Arbeit, die durchaus personenbezogen sein kann.

Von den Grenzen

Die Arbeit mit dem Pferd ist immer ein bewusstes Umgehen mit Grenzen und Abgrenzungen. Der Umgang mit dem Pferd hat schon körperliche Grenzen, die beachtet werden müssen, beginnend mit dem einfachen Punkt, dass die Gewichte unproportioniert sind! Deshalb ist es wichtig, hier schon klarzumachen, dass der leichte Mensch das schwere Pferd führt. Deshalb muss das junge Pferd die Grenze Mensch von Anfang an respektieren. Der Mensch aber auch die Grenzen des Pferdes annehmen.

Das Problem beginnt immer dann noch einmal, wenn ein Pferd, das sehr lange nicht mit dem Menschen zusammengearbeitet hat, nun plötzlich von diesem übernommen wird und für die Tätigkeit vorbereitet werden soll, die der Mensch für dieses vorgesehen hat. Hier ist die teilweise hätschelnde Verhaltens- und Arbeitsweise mit den ganz jungen Pferden ein Problem. Das führt meist dazu, dass das junge Pferd erstaunt auf die plötzliche Änderung der Verhaltensweise der Betreuer reagiert. Das führt dazu, dass viele den Beritt und das Einreiten an andere abgeben, aber dann auf die erworbenen Muster zurückfallen, wenn das Pferd aus der Ausbildung kommt. Für das Pferd ist jedoch die bisherige Komfortzone zu einem Ende gekommen.

Normalerweise beginnt die Arbeit (intensiv) mit dem jungen Pferd im 3. Lebensjahr, fängt die Arbeit zu einem späteren Zeitpunkt an, so müssen die Schritte des Jungpferdes nachgeholt werden, dies kann in einem kürzeren Zeitraum erfolgen als bei dem ganz jungen Pferd, nur soll und muss der Trainierende auch hier auf Pausen und Zeiträume achten, da Pferde auch im „fortgeschrittenen" Alter ein Anrecht auf Pausen haben und Zeiten brauchen, um mit dem neu Erlernten umzugehen. Die Zeiträume und die Geschwindigkeit einer Ausbildung sind demnach nicht zu prognostizieren!

Beginne immer mit der Arbeit am Boden! Bitte nicht auf die zerrenden und ziehenden Umgangsformen zurückkommen, die sich bei den meisten Pferden eingebürgert haben. Wenn der Mensch immer vorausrennt, hat er nicht nur die gefährliche Position vor dem Pferd, sondern verliert sehr schnell die Führungshoheit gegenüber seinem Pferd oder seinen Pferden.

Wie oft sieht man die zerrenden Reitersleute ihre Pferde vor die Aufstiegshilfe oder andere Punkte bringen. Dabei fühlt der Betrachter die gegenseitige Verzweiflung, denn das Pferd weiß nicht wirklich, warum es sich jetzt an diese oder jene Position setzen bzw. stellen soll.

Die Weigerung, sich an die Aufstiegshilfe zu stellen, kann natürlich auch mit dem Sattel in Zusammenhang stehen, der sehr oft der Grund und Auslöser für Ungehorsam ist.

Über das Loben

Bei der Arbeit mit dem Pferd wird sehr oft übersehen, dass dieses, genau wie der junge Schüler, das Kind oder der Lernende auch gelobt werden will, deshalb gelten hier ebenfalls die Regeln des Lobens. Das überschwängliche ständige Loben hat beim Pferd wie bei Jugendlichen und Schülern negative Folgen, die zu Unsicherheit und Minderleistungen führen. Bei klaren Zielsetzungen kann das Pferd in dem Zusammenhang mit dem Erreichen eines neuen Schrittes das Lob gut annehmen und umsetzen. Manche Pferde zeigen sogar die erreichten Fortschritte von selbst, um noch einmal die Lobeinheit zu bekommen. Im Rahmen der Wiederholung ist das Loben am Ende des Abschnittes ein gutes Hilfsmittel. Loben erfolgt bitte nicht mit der Gabe von irgendwelchen Leckerlis oder Futterzusätzen; das Pferd realisiert dann nicht einen Lernerfolg, sondern wird konditioniert, und das widerspricht jeder Zielsetzung der Ausbildung. Loben erfolgt nicht durch Schlagen der flachen Hand auf Hals oder sonstige Körperteile des Pferds, Loben erfolgt mit dem Kraulen am Hals oder an sonstigen neurologischen Punkten, die dem Pferd Wohlbefinden vermitteln (siehe auch Verhalten der Pferde in der Herde), wobei dem Pferd nochmals die Hierarchie (zuerst der Mensch) vermittelt wird. Unabdingbar ist dabei aber auch die lobend beruhigende Stimme des Reiters. Dabei sollte dieser möglichst eine ruhige tiefe Stimmlage wählen, die dem Pferd angenehm ist. In diesem Zusammenhang habe ich schon kreischend ekstatische Laute auf dem Pferd gehört, die dieses verunsichern oder gar panisch machen. Hier ist wieder Selbstbeobachtung ein guter Ratgeber.

Bitte nicht das Pferd mit der flachen Hand schlagend loben, sondern bestimmt und weich am Widerrist streicheln.

Pferd und Hund

Der Hund kann zum Begleiter des Pferdes werden, insbesondere bei unsicheren Pferden kann er als Begleiter und Schützer zur starken Unterstützung, vielleicht sogar zum Ersatz eines Führers werden (dies gilt auch im umgekehrten Fall). Gerade im Gelände kann ein solches Team zu einer großen Sicherheit führen. Pferd und Hund müssen aber Leinenführigkeit und Abrufbarkeit beherrschen.

Im Auge behalten sollte der Reiter jedoch, vor allem während der ersten Ritte, dass der Hund als Abkömmling vom Wolf dem Pferd zunächst immer etwas Ungeheures ist. Hier kommt es auf die Bewegungsabläufe des jeweiligen Tieres an. Je nach Rasse und

Ausbildung tendieren Hunde im Gelände dazu, in das natürliche Jagdverhalten zurückzufallen, und können das Pferd durch plötzliches Auftauchen aus Gebüschen und dichten Waldstücken zu ungewollten Reaktionen führen. Daher ist in der Anfangsphase das gemeinsame Spazierengehen unabdingbar. Hat das Pferd den Hund einmal als Begleiter angenommen, so verlässt es sich darauf, dass der Hund die Sicherung der „Herde“ übernimmt. Bei manchen Pferden führt es dazu, dass sie ohne Hund nicht mehr gerne ins Gelände gehen.

Bei der Wahl des Begleithundes ist auf dessen Abstammung und Veranlagung zu achten, denn auch der Hund bringt seine Eigenheiten und erworbenen oder in der Zucht festgelegten Aufgaben mit, die dann mit den Anforderungen des Begleithundes angepasst werden müssen. Ob dann ein Hüter, wie der Shepherd oder ein Jagdhund, als Begleiter eingesetzt wird, liegt sowohl an der Ausbildung als auch an den jeweiligen Vorlieben des Reiters.

NOTIZEN

10 AUSBLICK

Der nächste Schritt: von der Remonte zum Reitpferd

In diesem neuen Arbeitsbuch werden die Abläufe des regelmäßigen Beritts geübt und erlernt, der Sitz, die Gewichtseinwirkung und die Schenkelarbeit des Reiters kommen zum Tragen. In dem Zusammenhang müssen dann auch die erworbenen oder sich entwickelnden anatomischen Veränderungen des Pferdes betrachtet werden, ebenso muss die Ernährung und Energiezufuhr für das Pferd ausgebaut werden.

Geplante Erweiterungen:
Die Herde
Reiten im Gelände/Das Pferd als Pädagoge

Der Autor

Michael Leutner, Jahrgang 1963, wurde in Quito, Ecuador geboren. Zum Reiten kam er Anfang der 70er-Jahre auf einem Polopony in Paraguay. In Argentinien sammelte er Erfahrung mit der englischen Reitweise und knüpfte Kontakte mit Militärreitern aus der Zeit vor dem Falklandkrieg.
Sein Abitur legte Leutner in Deutschland ab. In Rio der Janeiro/Brasilien studierte er Tiermedizin, bevor er in Portugal und Deutschland zum Geschichtsstudium wechselte. Ein Spanienaufenthalt stand mit auf dem Plan. Regelmäßig arbeitete er als Ausbilder und Reiter für junge Pferde, ergänzte Reittherapien für behinderte Kinder. 2010 gründete er seine Pferdeschule in Mahlberg.
Beruflich hat Leutner viele Stationen durchlaufen – vom Ground Management am Flughafen über die Tätigkeit als Versicherungsangestellter bis hin zum Zahlmeister auf Schiffen. Das Sprachentalent spricht Spanisch, Portugiesisch und Englisch. Sein Interesse gilt auch der klassischen Musik.